Bernard Gustau

Blizzard, vous avez dit blizzard?

Bernard Gustau

Blizzard, vous avez dit blizzard?

Un anniversaire très arrosé

Éditions Muse

Imprint
Any brand names and product names mentioned in this book are subject to trademark, brand or patent protection and are trademarks or registered trademarks of their respective holders. The use of brand names, product names, common names, trade names, product descriptions etc. even without a particular marking in this work is in no way to be construed to mean that such names may be regarded as unrestricted in respect of trademark and brand protection legislation and could thus be used by anyone.

Cover image: www.ingimage.com

Publisher:
Éditions Muse
is a trademark of
International Book Market Service Ltd., member of OmniScriptum Publishing Group
17 Meldrum Street, Beau Bassin 71504, Mauritius
Printed at: see last page
ISBN: 978-620-2-29875-9

Blizzard, vous avez dit blizzard...

Un anniversaire......bien arrosé !!!!

Jeudi 27 Janvier 1977

Barbara et John

Il règne une grande effervescence dans le bel appartement de West Saint Clair avenue, dans le centre-ville de Cleveland USA. Situé à moins de 500 mètres du Grand square public, au cœur même de la ville, il constitue pour Barbara et John un véritable nid douillet. Bien que se trouvant au-dessus d'un magasin Subway en demi sous-sol, sa situation au troisième étage d'un bel immeuble de briques donnant sur une très large avenue lui permet de bénéficier d'un ensoleillement presque toute la journée. Les trois chambres, dont les fenêtres s'ouvrent sur une cour intérieure, sont d'un calme reposant la nuit alors que les pièces à vivre bénéficient de toute la réalité de ce quartier, à la fois, vivant et calme. Barbara a pu installer son cabinet de consultation de psychothérapie dans un grand studio du même immeuble, ce qui lui permet de préserver l'intimité de son appartement sans avoir à parcourir de longues distances pour rejoindre son lieu de travail. Elle peut s'autoriser des petits allers-retours entre deux patients pour cuisiner des petits plats qui font le ravissement de John. La proximité du parc central permet aussi à la jeune femme d'aller faire son footing quotidien au milieu d'un écrin de verdure. Elle peut ainsi chaque matin faire un vrai plein d'énergie pour affronter sa journée. Quand elle court, elle ruisselle de sensualité. Elle fait partie de ces femmes afro-américaines qui savent qu'elles ont un corps gracieux et qui portent des tenues de sport moulantes, exhibant ainsi leurs jolies formes, sans ostentation, ni fausse pudeur hypocrite, mais au contraire avec une tranquille assurance. Ses longues foulées sont comme un hymne à l'amour, sans provocation, ni inhibition. Elle plait, elle le sait, elle l'assume.

Aujourd'hui, elle prépare activement leurs valises pour partir quelques jours à North Tonawanda, située sur le côté nord du canal Erié / Tonawanda Creek. Dans cette « ville du bois d'œuvre », les parents de John possèdent une propriété qu'ils ont aménagée en lieu de séminaire loué aux entreprises qui souhaitent organiser colloques et formations ou pour des particuliers qui souhaitent y célébrer une fête de famille. Ses salles de réunion modulables, sa grande salle à manger de plus de 50 places et sa piscine couverte en font un endroit rêvé. Dans le parc, se trouvent une douzaine de petits chalets en bois confortables qui servent de chambres aux résidents, ainsi qu'une grande serre « tropicale ». John a réservé l'endroit auprès de son père pour organiser l'anniversaire des 35 ans de Barbara. Pour l'occasion, il a invité quelques-uns des proches amis de celle-ci, rencontrés sur les bancs de l'université de New-York.

Ils veulent se rendre dès aujourd'hui sur le domaine, situé au 225 Goundry Street, tout proche de la célèbre Bibliothèque Carnegie et de son immense parc. Pour cela, ils doivent parcourir presque 400 kms sur la nationale 90, en longeant le lac Erié par Conneaut, Westfield et Silver Creek pour rallier Buffalo, rejoindre la 230, contourner le grand golf de Brighton Park et atteindre North Tonawanda.

Le temps est très couvert et froid. Pour ce long trajet, Barbara est heureuse de conduire le gros coupé Brougham Toronado Oldsmobile, un véritable salon cossu sur roues, bleu foncé et blanc. Elle s'enfonce toujours avec délice dans les fauteuils de cuir blanc. Dès que John arrivera en fin de matinée, ils prendront la route pour arriver au cottage avant la nuit et tout mettre en place pour l'arrivée de leurs invités le lendemain.

Elle entend la clé tourner dans la serrure et son mari apparait sur le pas de la porte. Son élégance la surprend toujours. Son corps semble véritablement moulé dans le costume souple en laine sombre qui met en valeur son sourire éclatant. Ses chaussures sont de vrais miroirs tant elles sont parfaitement cirées. Quel que soit le temps, comment parvient-il à être toujours impeccable ? Il ressemble à un lord anglais croqué par un peintre du 19ème. John travaille comme chef de projet au sein de l'antenne de Cleveland du groupe Actron Manufacturing, spécialisé dans la production d'outillage électronique sophistiqué. Il s'approche de Barbara et dépose un baiser sur ses lèvres tout en lui caressant la nuque d'un geste affectueux. Ce simple petit comportement la bouleverse comme au premier jour car il témoigne de leur délicate intimité. Agé de 33 ans, son visage, barré de quelques rides d'expression, lui confère une autorité naturelle que démentirait presque son imposante chevelure bouclée. Ses yeux d'un noir profond lui donnent un air déterminé, renforcé par l'avancée discrète de son menton volontaire, masqué d'un petit bouc et une moustache fournie. La peau fine de ses pommettes saillantes et la vivacité de son regard montre qu'il est comme une pile bourrée d'énergie communicative et joyeuse. Elle pense souvent qu'avec un tel profil, il avait dû être pharaon dans une vie antérieure. Mais ce qui avait définitivement fait basculer Barbara, c'était sa voix ! Elle était juste …… séduisante ! Son élocution posée, subtile, profonde était de celle qui la faisait chavirer, qui l'emportait dans un monde suave et délicat. Son timbre l'avait toujours séduite. Simple et respectueux, il se sublimait dès qu'il prenait la parole. S'ébrouant, elle lui indique les trois valises sur roulettes qu'elle a remplies de vêtements chauds dont ils auront besoin pour le séjour. Pendant qu'il file se doucher et se changer pour la route, elle confectionne rapidement un panier repas qu'ils pourront consommer en roulant.

Il est à peine midi quand ils démarrent dans la luxueuse voiture. La sortie de Cleveland se déroule sans encombre, malgré le mauvais temps qui s'installe avec son cortège de rafales de vent et de pluie glacée inondant le parebrise.

Vers 16h00, à la hauteur de Blassel, ils rencontrent les premières vraies difficultés. La neige, collante et dangereuse les ralentit considérablement et Barbara s'inquiète de la pertinence de ce week-end prolongé. Dans quel état vont-ils trouver le « Castel Rose », leur destination ? Les invités pourront-ils arriver sans problème demain ?

Elle sait bien que son mari a tout agencé pour son anniversaire, que c'est un organisateur très méthodique, mais a-t-il vraiment tout prévu, tout envisagé ?

La conduite de Barbara devient plus heurtée, plus sèche. Doucement, John pose sa main sur la sienne et lui sourit. Elle sent que son angoisse reflue et elle respire profondément en lui rendant son sourire. Il a toujours pour elle des petites attentions de ce genre. Elle l'aime aussi pour cela. Enfin, vers 18 heures, ils arrivent en face de la grille du domaine. Ils ont roulé pendant plus de 6 heures pour effectuer les 400 km environ depuis leur appartement. C'est une bonne moyenne compte tenu des conditions météorologiques de cet hiver assez rigoureux.

Castel Rose

Ils rentrent doucement la voiture et redécouvrent avec soulagement la silhouette familière de ce grand édifice majestueux, refait dans les années 50 avec ses grandes baies vitrées donnant sur la verdure du parc et sur la superbe pelouse. Son corps de logis de briques rouges est flanqué de tours rondes qui abritent, l'une, un petit salon et l'autre le bureau de gestion. Ce sont elles qui donnent à ce bâtiment l'air d'un château, ou pour le moins d'une gentilhommière ancienne. L'éclairage automatique l'enveloppe d'une lumière chaude qui tranche avec le blanc des graviers fins qui recouvrent le sol. Par contre, les jardinières qui sont censées décorer les fenêtres sont dans un état déplorable. Elles sont débordantes de feuilles jaunies et brulées par le froid. John se dit qu'il devra les rentrer dans la serre avec les autres plantes rares. Son père, en effet, s'intéresse aux plantes exotiques et chacun des bungalows, qui constitue l'hébergement, est le parrain de l'une d'entre elles. C’est ainsi que l’on peut être logé au « Passiflore », au « Goyavier », au « Cannas » ou dans tout autre chalet porteur d’une si étrange appellation. A la belle saison, ils sont tous décorés d’une haie des grandes caisses en bois débordantes des plantes fleuries dont ils portent le nom. L’hiver, par contre, les caisses sont soigneusement alignées dans une grande serre chauffée, dont les allées volontairement sinueuses sont équipées de bancs romantiques, à demi dissimulés dans les frondaisons et où il fait bon rêver dans l’attente du printemps. Pour l’instant, dans le ciel, le vent tente vainement de chasser les lourds nuages menaçants, chargés de neige. Barbara et John entrent dans le vieux bâtiment pour choisir leur clé. La grande pièce centrale est glaciale car aucun feu ne brûle encore dans la cheminée. John programme la mise en route automatique des radiateurs électriques pour que le bâtiment soit plus accueillant. Il règle également la température à l’intérieur des chalets à 20°.

Malicieusement, John jette son dévolu sur le logement nommé « Hibiscus », puisqu’ici, en Amérique du Nord, cette fleur symbolise l’épouse ou la femme parfaite. Barbara, flattée, passe délicatement sa main gauche sur ses sourcils, comme pour les aplatir en souriant à son mari. Ils suivent ensuite une petite allée dessinée par des cailloux blancs et arrivent devant un joli chalet en bois brut. Comme tous les autres, il est monté sur pilotis et ces quelques cinquante centimètres de surélévation permettent de ne pas perturber l’environnement, la circulation de l’eau, les passages animaux. C’est ainsi que la faune et à la flore locale sont préservées.

Traversant une petite terrasse, ils ouvrent la porte sur la grande pièce principale, équipée d’un vaste canapé en cuir, d’une table basse et d’un fauteuil club, faisant face à une grande cheminée flanquée d’un casier à bûches bien garni. Plus loin, sur le mur sous la fenêtre, est adossé un plan de travail sur lequel on peut poser livres ou papier à lettres. De larges radiateurs électriques diffusent une agréable chaleur. Au bout de ce salon, se trouve la porte qui donne accès à une chambre spacieuse et sa salle d’eau équipée d’une grande baignoire à remous et d’une douche à l'italienne. Tout dans cet endroit inspire la quiétude d'un confort douillet.

Pour ce premier soir, fatigués par la route, ils décident d'aller diner rapidement au Sawyer Creek, à proximité du domaine, dans Niagara Falls Boulevard, un petit restaurant original installé dans une sorte de maison tropicale, en bois blanc. Puis, ils rentrent bien sagement pour passer une nuit paisible. La journée de demain sera longue car il faudra accueillir et installer les invités.

Bungalow Bois

Vendredi 28 Janvier 1977

Barbara et John

John sent contre son dos la chaleur du corps nu de Barbara. Encore plein de sommeil, il se retourne pour la prendre dans ses bras dans un élan spontané de tendresse et de désir. Il la sent se couler plus encore contre lui, ronronnante et heureuse. Leurs bouches se trouvent, se soudent maladroitement et ils font doucement l'amour, transition délicate du rêve à la réalité. Puis après un long moment de ce flottement merveilleux de complicité silencieuse, John se lève, laissant Barbara s'étirer langoureusement. Il se jette sous la douche, trop fraîche encore, le temps que l'eau chaude arrive jusqu'à la salle de bains. Trop brutalement arraché à sa douce transition, il se maudit d'avoir été impatient et de ne pas avoir laissé s'écouler l'eau froide ailleurs que sur lui. Il déteste les chocs thermiques et cette sensation de chair de poule qui le hérisse tout entier. Il reste un long moment sous l'eau enfin chaude. Se relaxant complètement, il laisse son esprit vagabonder, réflexion en roue libre et il sent doucement monter en lui un mélange des sensations qui le font renaître. Puis, il s'enveloppe d'un épais peignoir de bain et gagne le petit dressing, attenant à la chambre. Il en ressort vêtu d'un pantalon rouge de velours confortable et d'un pull très chaud en laine, entièrement en point irlandais. Déposant un petit baiser sur le front de Barbara, il lui dit qu'il va chauffer la grande salle en attendant qu'elle le rejoigne. Puis, il chausse une paire de grosses chaussures confortables, enfile une parka épaisse et sort. Le froid est vif et le ciel couvert, mais il ne neige plus, du moins pour l'instant. Il se rend au Castel Rose où une agréable chaleur règne dans les grandes salles de réunion, meublées d'une grande table rectangulaire en chêne massif et de grands fauteuils pivotants. Les radiateurs électriques se sont mis en route automatiquement vers 6h30 et donc, deux heures plus tard, il y fait bon. Il décide tout de même d'allumer la cheminée dans le grand espace de réception, plus pour le décor que pour la température. Lorsque Barbara le rejoint, ils montent en voiture pour aller prendre le petit déjeuner en ville. Le rendez-vous avec le traiteur n'est qu'a dix heures, ils ont largement le temps.

Lorsqu'ils sortent du Tim Hortons, au 459 Division St, après un copieux Breakfast, quelques flocons ont recommencé à flotter dans l'air. Le vent est coupant. Ils se hâtent de regagner la douceur de Castel Rose.

Ils arrivent juste à temps pour accueillir le traiteur. John le reçoit dans le bureau du Castel Rose pour régler avec lui les modalités de ce long week-end, pendant que Barbara se prépare à l'accueil de ses invités. Anticipant son plaisir, elle s'allume d'un feu intérieur qui la rend rayonnante et lumineuse. Elle possède ce don de la chaleur d'hospitalité, cette capacité de vous requinquer grâce à quelques paroles simples mais justes. Elle sait vous offrir avec sincérité les mots du bonheur, baume indispensable après une longue route. Elle fait partie de ces gens généreux qui cherchent toujours comment ils peuvent contribuer, comment ils peuvent apporter, ce qu'ils peuvent donner.

Beverly

Henry

Beverly prépare sans bruit le petit déjeuner dans la cuisine du petit appartement new yorkais. Elle est déjà lavée et habillée. Henry dort encore car il est tôt. Elle avait quasiment terminé de préparer les valises hier soir, mais ce qu'elle avait choisi d'emporter pour ce week-end n'était pas ce que son mari voulait et donc, elle a dû recommencer. C'est de sa faute aussi, elle ne lui a pas demandé ce qu'il souhaitait prendre. Qu'importe ! De toutes façons, rien ne dit qu'il n'aurait pas changé d'avis. C'était ainsi ! Elle n'était pas adaptée au monde et elle ne savait pas anticiper correctement les choses. Heureusement son mari la corrigeait pour qu'elle puisse essayer de faire de son mieux et de se frayer un chemin, vaille que vaille dans cette vie difficile. Pour Henry, elle était encore dans la longue transition entre adolescence et âge adulte. Il lui expliquait comment elle devait se méfier des hommes qui n'étaient que des brutes grossières en voulant à son corps, bien qu'il soit très banal. Quand elle l'avait rencontré, elle avait un besoin viscéral de fuir sa famille, normative et castratrice. Il était apparu comme l'ange d'émancipation. Depuis, elle s'était laissée aller et il s'occupait d'elle. Elle ne savait toujours pas nommer ses émotions et il devait sans cesse la rabrouer. Il lui avait permis d'entrer dans son monde, mais trop instinctive et trop ignorante pour réguler ses pulsions passagères, elle s'enfermait dans des contradictions qui la dépassaient, qui la décrédibilisaient, qui la ridiculisaient. Elle passait aux yeux de ce cercle si sûr de ses vérités, si conscient de savoir faire la différence entre le bien et le mal, pour quelqu'un d'irréfléchi, d'instable. Une femme enfant, en quelque sorte, sans le charme de la spontanéité….

Elle doit se hâter car ils sont obligés de partir tôt. Ils décollent de La Guardia sur le vol de 8h20 pour Buffalo où ils arriveront à 11h57. C'était un vol avec une escale de presque une heure à Washington, mais Henry lui avait dit que les vols directs étaient beaucoup trop chers et qu'une telle dépense pour aller fêter l'anniversaire d'une copine ne se justifiait pas, même si Beverly et Barbara, la copine en question étaient des amies de longue date. Ils devaient attraper le bus Q48 au niveau du 111 Roosevelt avenue, sur la ligne 7 du métro. Cela faisait encore une heure de trajet pour arriver au terminal A de l'aéroport.

Henry entre dans la cuisine en baillant. Depuis quelques jours, il travaille tard dans la petite entreprise d'objets religieux où il est responsable du stock. Beverly dispose de plus de temps que lui, car elle n'assure que quelques heures par semaine de surveillance d'études dans un collège confessionnel. C'est son mari qui lui a trouvé cet emploi situé près de son propre travail. Ainsi, lui a-t-il dit, il est rassuré de savoir qu'elle n'est pas trop loin de lui. Elle peut déjeuner avec lui les midis où elle vient au Collège.

Il s'assoit devant sa tasse de café. Beverly lui beurre rapidement une tartine avant de ranger la cuisine. Elle lui montre les bagages qu'elle avait refaits en lui expliquant pourquoi elle n'a pris qu'une seule valise pour que ses costumes à lui ne soient pas froissés. Elle a jeté dans un sac de sport ses quelques affaires à elle. Il bougonne un vague acquiescement avant de filer vers la salle de bain. Pendant ce temps, elle termine la vaisselle.

Dès qu'Henry est prêt, ils filent vers le métro. Quand finalement, ils arrivent dans le grand hall de l'aéroport, Beverly trouve une cabine et appelle Barbara pour lui confirmer qu'ils arriveront à Buffalo par le vol Air Wisconsin de 11h57 en provenance de Washington DC.

Sharon et Leonard

Les parents de Leonard sont passés hier soir et leurs 3 enfants, ravis sont partis avec eux. Après une douche rapide, Sharon prépare le petit déjeuner pendant que Léonard termine de sortir les vêtements qu'il souhaite emporter en week-end pour l'anniversaire de Barbara, l'amie de sa compagne. Ils ne sont pas mariés, non par principe, mais juste parce que cela ne s'est pas produit.

Agée de 36 ans, elle est chef de clinique à « l'Hospital for Special Surgery », le plus ancien des États-Unis et régulièrement classé comme le meilleur du pays dans le domaine orthopédique. Elle est spécialisée dans la chirurgie de la main et des membres supérieurs, et lui est Directeur Administratif et Financier dans le même établissement. Lorsqu'il l'a rencontrée, il y a une douzaine d'années, elle semblait si jeune comme perdue dans ce monde. Elle avait une nécessité vitale de gentillesse et surtout un grand besoin qu'on s'occupe d'elle. Ils ont d'abord vécu une énorme amitié. Puis, avec le temps, cette relation amicale s'est peu à peu agrémentée d'un peu de sexe. Leur lien s'était enrichi d'un côté féerique. Sur ce plan aussi, l'entente avait tout de suite été parfaite. Le passage s'était fait naturellement, sans fioriture. Maintenant, ils vivaient ensemble, avec leurs trois enfants, dans un très joli lieu. Pour elle, cette invitation est une aubaine car leur couple se meurt doucement. Être coupés de leur monde professionnel pendant quelques jours pourraient faire renaître l'élan de leur début, casser la routine qui a fini par tuer le lien charnel qu'ils avaient. Ils n'ont pas fait l'amour depuis plusieurs mois. Dans sa valise, elle a mis un petit déshabillé qui, espère-t-elle pourra raviver cet appétit endormi, seule petite ombre qui manque à leur bonheur total.

Dans la 65° rue Est, à 5 mn à pied de HSS dans Upper East Side, leur grand appartement cossu, de plus de 250 mètres carrés, occupe tout le 2ème niveau d'un petit immeuble de quatre étages, en pierres de taille, dont le jaune assez lumineux ensoleille une rue assez calme, bordée d'arbres verts et à sens unique. De son coté à elle, ce qui l'avait séduit chez Léonard, c'était sa gentillesse. Sous ses apparences rustiques, il était un homme foncièrement bon, à l'esprit droit et au cœur généreux... Elle a toujours su que, pour elle, progresser serait facilité par la fréquentation d'un garçon comme lui, tellement mieux outillé qu'elle pour affronter la vie. A la pensée de la naissance de leur ménage, son petit visage s'éclaire d'un joli sourire. Elle est toujours aussi belle avec ses grands yeux noisette qui illuminent ses traits.

Pour le voyage, elle a noué ses cheveux frisés, d'un joli châtain foncé, en un chignon qui lui donnerait un aspect sévère sans la touche bohème que lui confèrent les bracelets de cuir tressé, cadeaux de ses enfants, enserrant ses poignets fins.

Le taxi qui doit les conduire au terminal de JFK est garé au pied de l'immeuble. Ils ferment rapidement l'appartement et font rouler les deux petites valises à roulettes jusqu'à l'ascenseur. Arrivés dehors, ils s'engouffrent dans la chaleur de la voiture. Léonard sort les billets d'avion et en arrivant à l'aéroport, s'informe auprès des hôtesses pour savoir si leur vol est bien maintenu, malgré la météo. Elles le rassurent sur ce point. Tout guilleret, il se rend alors dans une cabine pour appeler John et lui confirmer qu'ils arriveront à Buffalo par le vol Delta Airlines DL 5754 de 11h43.

Amy

Evidemment, elle est en retard. On pourrait presque dire comme d'habitude. Mais est-ce sa faute si le temps passe trop vite. Il est déjà presque 15 heures et elle termine tout juste sa valise. Certes, son appartement de Lockport n'est qu'à 30 minutes de North Tonawanda, mais les routes sont mauvaises aujourd'hui et elle n'a pas une confiance absolue dans sa Volkswagen Beetle de 1970, dont la principale qualité n'est pas la tenue de route. Elle se dit qu'il lui faudra une remplaçante puisque cela fait maintenant plus de 6 ans qu'elle promène sa couleur rose bonbon sur toutes les routes du coin. Le compteur affiche plus de 200 000 kilomètres. Mais elle manque de temps pour s'intéresser à ce détail. Il faut dire que son métier de Chroniqueuse pour l'antique Buffalo Evening News l'a conduite à beaucoup circuler. A 34 ans, elle envisage de se poser un peu. Mais cela fait partie de ses bonnes résolutions de chaque début d'année… et oubliées dès le 10 Janvier ! Elle est passionnée ! Par son travail, par les gens, par la vie en général. Son visage, longtemps anguleux, s'était adouci avec les années et ses cheveux drus, son nez Romain, et sa peau mate atténuait les effets de la quarantaine approchante. Elle était plutôt fière de son joli corps long, mince bien que la sédentarité inhérente à son métier l'ai presqu'empâté. Certes, elle éprouve aussi le côté obscur de son existence, son enfance fut très difficile, mais elle a triomphé et elle essaie de cantonner aux oubliettes cette époque, sans succès, hélas ! Evidemment, cette période influence toujours sa vie quotidienne. Elle n'aime que les femmes et ne supporte pas le contact des hommes. Parfois, une simple poignée de mains lui pose problème, même si elle s'en défend, même si elle est souvent obligée de passer outre ! Satané job où il lui faut toujours paraître avenante pour obtenir de l'information. Elle se sait assez séduisante pour plaire aisément et elle en use volontiers, mais la clé de sa réussite est surtout sa capacité de travail. Elle est toujours sur la brèche, elle vit « boulot », elle pense « boulot », elle dort « boulot » ! Elle se dit que ce week-end un peu prolongé va lui permettre de déconnecter légèrement…peut-être ! Quoiqu'il en soit, elle se met en route, vaille que vaille ! Il est un peu plus de 16h quand elle franchit les grilles du « Castel Rose », finalement, les routes n'étaient pas si mauvaises….

Marjorie

Marjorie aurait été extrêmement vexée de ne pas avoir été invitée pour l'anniversaire de Barbara. Mais cette préoccupation purement narcissique satisfaite, elle n'est pas sûre d'avoir vraiment le désir de s'y rendre. A 34 ans, retrouver les anciens de la Fac, c'est comme se replonger dans sa jeunesse, même pour quelques jours. A-t-elle envie de cela ? Et surtout, qu'est-ce que cela peut lui rapporter ? Son bel appartement, acheté à Pittsburg, dans Ellsworth Avenue, le joli quartier de Shadyside, en bordure de Roslyn Place, est devenu son refuge. C'est l'un des rares lieux où elle se sente bien, après avoir vendu la belle maison de Sheraden donnée par son père. Trop de mauvais souvenirs l'encombraient. Il lui était juste impossible d'y vivre.

Pour se doucher rapidement, elle passe dans la salle d'eau où la baignoire a été remplacée lors de son installation pour ne plus jamais revivre ces moments de bain que, petite fille, lui offrait son papa. Ces moments où elle devait être nue devant lui. Ces moments où lui aussi entrait nu dans la baignoire. Ces moments où il la savonnait en s'attardant sur les endroits les plus intimes de son corps. Ces moments où elle devait ensuite le savonner à son tour. Bien sûr, de ne pas regarder ce corps à la peau blanche malsaine ! Bien sûr ! Mais ce n'était pas possible. La voix, presque joyeuse, complice resonne encore à ses oreilles : « C'est notre secret, on n'en parle pas à Maman, n'est-ce pas ! ». Complètement dépassée par cette situation ! Et son père, calculateur et pervers la rassurait, « Fais ce que je te dis et tout sera merveilleux ». Mais non, cela ne fonctionnait pas ! Quelque part, au fond d'elle, elle se sentait coupable, la faute qu'elle pressentait lui incombait totalement. Marjorie, même adulte, devait en assumer toute la responsabilité. La honte la submerge encore souvent !

Elle a appris à être très sensible aux autres, mais cette compétence instinctive n'est qu'un moyen de survie. Savoir parfaitement lire les émotions des autres lui permet d'en tirer profit. Mais elle a trop dépensé d'énergie à comprendre depuis l'enfance comment se protéger en accédant au désir de l'autre.

Métamorphosée en un bloc de haine déshumanisé, souvent sauvage et prédatrice, autour d'elle se répand une tension permanente. Bien sûr, quand Marjorie s'adresse à vous, sa voix manipulatrice est capable de vous entraîner irrésistiblement. Sa rancœur inconsciente à l'encontre du genre humain en général, et des hommes en particulier, la pousse à toujours chercher son intérêt dans chaque situation, que ce soit dans l'entreprise, dans une association ou dans sa vie privée. Son prénom lui vient de Marjorie Gladman, la célèbre joueuse de tennis dont sa mère était fan. Elle en a l'opiniâtreté et une résistance hors normes à la fatigue. C'est ce qui lui permet de réussir dans son métier d'administratrice fiscale au sein de la Public School Board de Pittsburg. Travailleuse acharnée et impitoyable, elle traque sans relâche le moindre dollar gaspillé.

En choisissant quelques vêtements pour sa valise, elle repense à sa vie. Elle n'a ni compagne, ni compagnon. Jadis, à la fac, une certaine Rebecca avait mis le feu à ses sens, mais c'est si loin, maintenant. Elle sait que celle-ci est aussi conviée à la fête, mais aucun battement de cœur ne vient résonner à cette nouvelle. Sa vie amoureuse est un festival de frustrations et de sauvageries. Subissant un véritable manque d'amour, un poison dont elle souffre depuis son plus jeune âge, son addiction à la brutalité est forte à cause de son hérédité maudite. Son corps est devenu un instrument de séduction qu'elle utilise avec le même détachement que sa carte de crédit ou sa voiture. Son plaisir ne peut survenir que dans des scènes de vulgarité, de sauvagerie de l'un ou de l'autre. On s'humilie, on s'injurie, on se maltraite physiquement, puis on se violente dans des beuveries fortement alcoolisées dont toute tendresse est systématiquement bannie. Une fois, ses pulsions animales assouvies, elle se débarrasse de son ou de sa partenaire, le genre n'a pas d'importance dans cette exigence de sexe désincarné. Puis quelque temps plus tard, sous l'influence de ses hormones, elle repart en chasse. Encore et encore, quête sans fin, sans joie, sans espoir…

Elle consulte sa montre. Son vol de 11h15 n'est pas direct et elle doit subir une escale de 1h25 à Washington pour arriver à 15h14 à l'aéroport de Buffalo. John enverra quelqu'un pour la récupérer.

Elle jette un dernier coup d'œil pour vérifier que tout est en ordre, et quitte son appartement pour rejoindre, à 200 mètres, l'arrêt du bus direct pour Fosse, l'aéroport international de Pittsburg.

Rebecca

Ce petit bout de femme, mince et sportive vit seule dans une zone de petits pavillons en bois au sud de Buffalo. Celui qu'elle occupe, au 125 Howard Street comprend deux niveaux, car la grande chambre et la salle de bains sont à l'étage. Il n'est pas dans un très bon état, mais il lui suffit pour le moment. En fait, son poste d'ingénieure commerciale pour PCB Piezotronics, société de capteurs de mesures physiques, la fait voyager en permanence à travers les Etats-Unis. Cette pédagogue née est toujours pleine d'humanité et d'empathie pour les autres. Dans ces rapports à autrui, plutôt que de juger les gens, mais elle cherche plutôt à comprendre comment ils fonctionnent et pourquoi ils adoptent telle ou telle position, attitude, comportement.

Elle doit se rendre chez Glenn, un ami, car ils sont invités tous les deux au Castel Rose de North Tonawanda pour l'anniversaire d'une copine de Fac. Compte tenu du temps annoncé, très mauvais, en fait, elle décide de la jouer trappeur et s'empare d'un grand sac à dos, pour y enfourner des sous-vêtements, deux pulls confortables, un pantalon, un chemisier et surtout, jogging, chaussures de sports et nécessaire de toilette. Après une douche rapide, elle s'habille chaudement, mais confortablement, ajoutant tout de même une tenue un peu habillée sur le dessus de son sac, « au cas où ». Elle connait bien les lieux où ils sont invités et en particulier les petits chalets qui sont équipés de tout le matériel nécessaire pour repasser des vêtements.

Tout en s'emmitouflant dans son manteau en peau de mouton retournée, elle pense que la vie est curieuse. Bien que connaissant Glenn depuis presque 15 ans, elle ne l'avait même pas remarqué. Il faut reconnaître, qu'au cours de cette période, sa vie amoureuse était, disons compliquée. Pour fuir une certaine Marjorie, femme toxique, qui cherchait à l'entraîner dans des relations malsaines, Rebecca multipliait les aventures de quelques jours avec des garçons de passage. Puis, elle s'est stabilisée, reprise en mains en quelque sorte pour traverser une longue période de solitude. Cette prise de recul était indispensable car elle dérivait totalement. Son travail fut prépondérant pour lui permettre de se reconstruire. Puis un soir, entre deux avions probablement, elle est entrée dans un petit supermarché. C'est là que Glenn l'avait abordé. Il lui a avoué, plus tard, qu'à l'époque de la fac, déjà, presque 15 ans avant, il avait été séduit par ses traits fins sous ses cheveux blonds mi-longs. Les grandes lunettes en écaille, qui mangeait son petit visage quand elle travaillait, lui conféraient un air extrêmement sérieux. Son monde avait changé à ce moment, sans qu'elle sache vraiment comment, sans qu'elle sache vraiment pourquoi, mais le fait était là ! Son monde avait changé ! Maintenant, elle doit s'avouer que la compagnie de ce grand dégingandé barbu à l'humour ravageur, lui fait de plus en plus de bien. Son regard, bleu acier, faussement mélancolique, la bouleverse à chaque fois qu'il la regarde. Loin d'être glacial, comme le veut la croyance populaire avec de tels yeux, il est comme un rayon de soleil qui l'enveloppe d'une étrange chaleur. Est-ce une poussée sournoise de son horloge biologique qui lui rappelle qu'à 36 ans, il serait bien agréable d'être maman.

Il est presque midi et elle se dépêche car ils ont prévu de déjeuner avant de partir. Elle sent le froid mordant se faufiler sous sa grosse pelisse quand, son sac à dos bien calé sur ses épaules, elle sonne au 220 Linden avenue.

Glenn

Agé de 34 ans, c'est aussi un ancien camarade de Barbara et il est ravi de revoir ses anciens camarades de Fac.

Glenn habite au 220 Linden avenue, près d'Englewood, quartier chic de Buffalo, dans la grosse villa apparemment un peu austère, mais en fait très confortable que lui ont laissé ses parents. Ils sont partis vivre leur retraite en Californie où le climat est plus clément. En fait, bien que la maison soit sur trois niveaux, il n'occupe pratiquement que le rez de chaussée, avec son grand salon et sa cuisine aménagée et sa suite parentale. C'est tout juste si, au premier étage, il a agencé une des trois chambres en un grand bureau. Quant au deuxième étage, seule la femme de ménage y intervient tous les six mois pour passer l'aspirateur dans les deux grandes pièces et rafraichir la salle de bains. Plutôt que de vendre leur bien à n'importe qui, ses parents ont préféré le laisser à Glenn qui moyennant une modeste rente mensuelle en devient doucement l'heureux propriétaire. « Tu pourras y élever une grande famille », lui disait souvent sa mère en riant.

Ingénieur chimiste à La MOOG corporation depuis toutes ces années, il a été très occupé par son travail. Il s'était aussi perdu dans une liaison amoureuse plutôt malsaine qui s'était terminée dans la douleur. Il n'en avait évidemment pris conscience qu'après coup, parce qu'il n'avait jamais pensé que cela puisse finir. On ne réalise l'importance des choses que lorsqu'elles vous sont reprises. Alors, tout change. Les habitudes de vie anciennes deviennent obsolètes et on est trop désorienté pour savoir comment s'organiser à nouveau pour affronter le futur. D'ailleurs, est-ce utile ? Dans ces moments-là, plus rien ne semble valoir la peine d'être entrepris. A quoi bon ?

Heureusement, le temps est le temps. Tout comme l'eau finit par éroder les matériaux les plus résistants, il parvient à atténuer les peines les plus profondes.

La vie a repris son cours après cet échec amoureux et petit à petit, Glenn a repris sa vie en main. Il s'était cru définitivement aveugle et sourd à toute la sphère sentimentale.... Jusqu'à Rebecca !

Entré dans une supérette pour acheter quelques provisions, il avait croisé Rebecca et la lumière s'est littéralement rallumée dans son regard ! C'était, il y a plus d'un an maintenant. Il l'avait immédiatement reconnue et sans réfléchir, l'avait rejointe. Ils avaient parlé, évoqué les années fac, puis les années vie. Ils avaient dîné dans une petite brasserie voisine. Ils avaient parlé, encore, pendant qu'il la raccompagnait jusque chez elle, simplement heureux de marcher à ses côtés.

Maintenant, sa vie est embellie par les sorties de plus en plus régulières et fréquentes qu'il partage avec Rebecca. Il a de plus en plus hâte de retrouver sa gentillesse et de poursuivre avec elle d'interminables conversations. Il est fasciné de l'entendre parler avec enthousiasme de ses désirs et de ses ambitions, parfois aussi de ses erreurs et de ses désillusions. Ils peuvent aborder n'importe quels sujets, ils sont tous les deux assez curieux de la vie pour cela. Cela donne parfois lieu à de grandes recherches dans les bibliothèques de la ville, dans les encyclopédies ou à des achats dans les librairies du quartier car leur soif de savoir ne peut se contenter de « on dit ».

La sonnette vibre. Raflant au passage sa valise, il sort pour rejoindre sa Ford Gran Torino bleue garée dans l'allée. Les deux amis s'installent et Glenn lance le gros V8...

Wayne

Après un solide petit déjeuner, Wayne quitte la salle à manger de sa luxueuse villa d'East Green bush située au 604 cour Signal Pointe dans le quartier très résidentiel d'Albany. Cette très grosse maison, toute en brique rouge, au sommet d'une petite colline est visible depuis la Rivière Hudson qui coule au bout de son immense pelouse. Célibataire, il a acheté cette propriété de 6 chambres à un promoteur en faillite, avec l'idée de fonder ici sa propre famille. A 35 ans, ce libre penseur et chaud lapin n'a toujours pas trouvé celle qui en sera la matrone. Dans sa vie privée, il semble ne jamais rien prendre au sérieux, saisissant au bond tout ce qui se présente : c'est l'illustration vivante du « Carpe Diem ».

Par contre, dans sa vie professionnelle, ce faux dilettante est l'incarnation même de la rigueur. Très méthodique et prévoyant, semblant toujours posséder une longueur d'avance sur son temps, ce gestionnaire hors pair se double d'un commercial extrêmement performant. Beaucoup de ses concurrents se sont laissés abuser par son air de nounours débonnaire et cette attitude leur a coûté d'importantes parts de marché. Wayne est un des premiers pionniers de cette nouvelle tendance que représente l'informatique individuelle. Il a investi l'an dernier dans les premiers calculateurs pour les particuliers conçus par une nouvelle société nommée Apple. Ayant réussi à s'en procurer quelques exemplaires, il a créé, dans la foulée, une entreprise qui développe des programmes pour faire fonctionner ce nouveau type de matériel ainsi qu'une boutique pour vendre des solutions « clés en mains », calculateur individuel, machine à imprimer et logiciel. Son offre commerciale est beaucoup moins contraignante, plus souple et plus individuelle que celle de son principal concurrent en solutions informatiques qu'est IBM. Son instinct de chasseur lui dit que ce domaine va prendre un essor considérable. Aujourd'hui en rupture de stocks, son entreprise, et ses clients, attendent avec impatience les nouveaux modèles, probablement appelés « Apple 2 ». Ils devaient sortir pour Noël, mais finalement, ils sont annoncés pour le printemps de cette année. Grace à ses solutions de comptabilité, sa société a réalisé un incroyable chiffre d'affaires en quelques mois, en sus des 400 K$ de commandes engrangées depuis ses achats au mois de Mai dernier. Tout le rez de chaussée de son habitation est devenu un atelier pour ses trois jeunes collaborateurs, embauchés récemment. Ce sont tous des petits génies passionnés, comme lui, par cette nouvelle technologie, bataillant avec une secrétaire qu'ils tentent de convertir à l'utilisation de ces nouveaux produits. Cette société de services est un vrai challenge pour cet homme de défis ! Il se dit qu'il n'a pas volé ce petit week-end à coté de Buffalo où il va fêter avec des amis les 35 Ans de son amie de fac, Barbara, une femme exceptionnelle dont il a, jadis, été secrètement amoureux. Il sourit à ce souvenir et sort du garage son Hummer jaune vif, un véhicule qu'il a acheté en quittant la Navy et qu'il a fait restaurer et repeindre. S'étant rendu à pied chez le couple de gardiens de la propriété, logé dans un petit pavillon près du fleuve, il boit un nouveau café avec eux en leur transmettant ses dernières consignes. Ils lui font part de leur inquiétude face au temps qui se dégrade, mais son franc sourire les rassure. Puis, remontant tranquillement vers sa voiture, il glisse ses 1m85 et ses 100 kilos derrière le volant et se met en route pour les 450 à 500 kilomètres qui l'attendent. Le temps est exécrable, c'est vrai, mais son engin lui permet de rouler quoi qu'il arrive. Il est 10h30 quand il s'engage sur la route 90.

John

Confortablement installé au centre de l'immense bâtiment aux curieuses allures de pagode chinoise de l'aéroport de Buffalo, John lit un journal local en buvant un café. Il est 11h30 et il doit récupérer Sharon et Leonard qui arrivent à 11h43, puis Beverly et Henry à 11h57. Il est content de n'avoir ainsi qu'un seul voyage à faire car les conditions de route sont de plus en plus dégradées, et il n'aime pas conduire. En arrivant, il est allé se renseigner pour connaître l'impact des chutes de neige sur les vols en provenance de New York ou de Washington. Les hôtesses d'accueil l'ont rassuré, tous les avions sont maintenus pour l'instant et aucun n'accuse de retard à l'arrivée. C'est pourquoi, il s'est installé tranquillement au Buffalo's Smoke House, en plein milieu du grand hall d'accueil. Il est quasiment midi quand il voit apparaitre à quelques mètres de lui le joli chignon d'une Sharon tout sourire. Elle est suivie par Leonard, tirant une petite valise à roulettes et manifestement heureux d'être arrivé. Grosses turbulences en approche de Buffalo, explique-t-il, et j'ai horreur de cela ! Le temps de se congratuler, de commencer à se raconter les dernières nouvelles, voici venir Henry, démarche assurée, presque martiale et sourire carnassier et triomphant, suivi par une Beverly plus effacée que jamais derrière lui. Elle a eu peur pendant tout le vol, dit-il à la cantonade, mais voilà, tu vois, nous sommes bien arrivés. Personne ne répond. Le sourire mécanique de Sharon masque à peine le regard méprisant dont elle le gratifie. John les conduit jusqu'au parking en expliquant que le temps est mauvais depuis qu'il est arrivé hier, mais qu'il espère que cela va se lever enfin. Ils prennent place dans la voiture et arrivent sans encombre au Castel Rose où une Barbara, radieuse de revoir ses amis les attend dans la pièce d'accueil.

Rebecca

Glenn

Il est à peine 13 heures lorsque Rebecca et Glenn s'attablent dans l'une des niches de la chaleureuse salle à manger, toute en parquet et avec son mur entier de jolies bouteilles du Fallingwater au Martin House. Ils savent qu'ils ont du temps devant eux. Glenn s'est mis d'accord avec John pour récupérer Marjorie à l'aéroport de Buffalo au vol de 15h14 avant de rejoindre le Castel Rose. Il sait que North Tonawanda est à moins d'une demi-heure de voiture. Ils commandent un plat de Wings, la spécialité locale.

Puis tranquillement, ils gagnent l'aéroport et s'installent au centre du hall principal, à l'endroit même où se tenait John quelques heures auparavant. Ils commandent un dessert tout en papotant sur le temps qui se dégrade encore, avec des vents qui forcissent et des chutes de neige. Il est 14h45 et ils ont plus d'une demi-heure devant eux.

Vers 15h, les hauts parleurs annoncent un retard d'un quart d'heure environ sur le vol de Washington car les conditions de navigation en haute altitude l'ont obligé à faire un petit crochet.

Enfin, vers 15h40, on annonce que ce vol vient de se poser et que les passagers vont débarquer porte 17. Rebecca et Glenn se portent à la rencontre de Marjorie qui les rejoint bientôt. Ils prennent la route du Castel Rose dans un temps de plus en plus froid et venteux.

Barbara

Barbara a décidé d'être la préposée à l'accueil de ses hôtes et c'est avec un grand sourire qu'elle les reçoit.

Sa charge principale est d'attribuer les hébergements. Lorsque John revient vers 13h00 avec les deux couples venant de New-York, Henry et Beverly se voit allouer le chalet « Les Cannas » et Sharon et Leonard, le chalet « les Goyaviers ». Elle leur explique qu'ils trouveront un repas froid sur place, et des boissons dans le réfrigérateur, champagne, eaux gazeuses ou non, vins blancs français, lait et jus de fruits. Ils peuvent se remettre tranquillement de leur voyage, visiter le parc s'ils se sentent assez courageux pour affronter le mauvais temps. Sinon, leur rendez-vous à l'accueil est fixé à 19h 00 pour un petit souper rapide. Tous ces préparatifs ont été mis en place par le traiteur, une maison qui travaille habituellement avec le père de John et dont les services sont irréprochables.

Après un déjeuner à « L'Hibiscus », avec son mari, assez contrarié par la mauvaise météo, elle se repose un peu. Puis, Barbara reprend son rôle de maîtresse de maison pour accueillir ses derniers invités, distribuant les chalets nécessaires, « le Passiflore » pour Marjorie, « le Palmier » pour Glenn et « l'Agave » pour Rebecca. Les nouveaux arrivants reçoivent aussi les consignes pour le dîner du soir. A peine terminé cet accueil, Wayne fait son entrée, suivi par Anny. Lui reçoit les clés de « l'Aloe Vera », elle, le trousseau des « Arums ».

Une fois tout son petit monde installé, Barbara rejoint John occupé avec le traiteur pour les derniers détails de la soirée de Samedi et pour les repas du lendemain. Pour ce soir, ils se sont mis d'accord sur un buffet froid qui permet à chacun de circuler sans être fixé à une place à table.

Cette formule permettra, espèrent-ils à chacun de papoter librement avec les autres, pour faire connaissance, pour évoquer des souvenirs ou juste pour le plaisir de se retrouver.... Il ne pleuvait plus pour l'instant, mais le ciel restait lourdement chargé de gros nuages lourds allant du gris foncé au noir.

Castel Rose

A 19h00, ainsi que convenu, tous se retrouvent face à un gigantesque buffet froid où trônent charcuteries diverses, gigots, rôtis, salades en tous genres, fromages, petites mignardises de dessert. Des retrouvailles par affinités, des rencontres fortuites, des discussions à bâtons rompus ne tardent pas à se mettre en place. Glenn raconte des anecdotes sur la façon dont, alors que leur boss est absent, les chimistes de son laboratoire distillent clandestinement des alcools forts et souvent expérimentaux à partir de vins, voire de cidres. Il fait rire Leonard et Sharon en avouant le caractère hautement aléatoire et totalement imprévisible des résultats obtenus.

Anny et Marjorie se découvrent. C'est la première fois qu'elles se rencontrent. Elles se sont peut-être croisées pendant la période universitaire, mais elles ont peine à se trouver des souvenirs communs. Pourtant, elles restent à papoter, comme si quelque chose les retenait ensemble. Anny parle de ses multiples reportages et racontent des anecdotes, parfois un peu sulfureuses sur certains notables du coin. Pourtant, au fond d'elle, quelque chose de dangereux durcit chaque fois qu'elle surprend les regards qu'Henri lance à Beverly. Marjorie se découvre capable de rire franchement, ce qui ne lui était pas arrivé depuis longtemps. Elle se laisse même aller jusqu'à raconter comment elle a longtemps pisté certaines notes de frais d'un employé de sa structure, avant de se couvrir de ridicule en découvrant qu'il s'agissait en fait du nouveau responsable de développement et que ses frais étaient, non seulement justifiés, mais fortement encouragés par la direction ! Certes, à sa décharge, il avait été chargé de cette mission pendant que Marjorie était en vacances, mais tout de même. Anny rie avec elle et elles trinquent ensembles à l'erreur légitime.

- Savez-vous quel est le cauchemar de mon comptable ? demande Wayne, hilare.
- Non, comment le saurait-on ?
- Je vous explique : Les cartes électroniques ont des soudures parfois un peu sommaires et qui sont très friandes de mes cravates. Résultats, à chaque fois que je me penche sur mes ordinateurs, ma cravate pend à l'intérieur et les fils de soie sont tirés !
- Quel rapport avec le comptable, demande Sharon.
- Le budget spécial que je me suis octroyé et qu'il ne sait pas où imputer !

Au milieu de l'éclat de rire de Beverly et de Sharon, John, en bon Directeur Administratif et Financier, lui propose en badinant de prendre rendez-vous avec lui et de le lui expliquer !

Barbara passe d'un groupe à l'autre distribuant sourire et gentillesse ici, dispensant gaieté et attention là, veillant en bonne hôtesse à ce que chacun ait une assiette garnie et un verre plein.

La réception se passe bien et chacun est heureux de ce moment de retrouvailles. Vers 23 h 00, John prend alors la parole pour clôturer la soirée et souhaiter à chacun de passer une bonne nuit, leur donnant rendez-vous le lendemain à 10 heures au même endroit pour partager un petit déjeuner. Puis il prend la main de Barbara pour les remercier tous d'être venu jusqu'ici. Ils sont chaleureusement applaudis en retour pour leurs talents d'organisateurs de bonheur. Chacun retourne vers son chalet en prenant un parapluie dans un grand panier posé près de la porte car, si le vent s'est un peu calmé, la pluie, elle, reste très violente.

Sharon et Leonard

En arrivant au « Goyavier », Sharon défait les valises dans la chambre pendant que Leonard allume la cheminée. Puis, elle se rend dans la salle de bain pour se préparer pour la nuit. Néanmoins, avant de quitter cette pièce, elle demande à Leonard d'éteindre les lumières pour ne laisser que l'éclairage coloré du feu. Elle se révèle alors, le corps à peine dissimilé par une délicieuse petite nuisette très courte de dentelles blanches qui souligne la forme de ses seins. Elle est un peu provocante. Ses jambes bronzées sont allongées par le contraste avec la pâleur de sa culotte fine et quasi transparente. Ses orteils, d'un rouge vif, très lumineux accentuent le côté lascif de son apparition. La pièce se charge d'une atmosphère voluptueuse. Leonard reste muet de surprise devant l'esprit d'initiative de sa femme. Il retrouve le coté langoureux et impudique qui le ravissait au début de leur liaison. Il réalise qu'il la voit vraiment pour la première fois depuis longtemps et sent renaître au fond de lui une sensation qui ressemble presque à du désir. Mais c'est encore lointain, diffus, comme enseveli sous une épaisse couche de ressentiments non avoués. Sharon a déchiffré le regard de son mari. Elle a lu les doutes, les non-dits, les silences. Elle veut sauver son couple et elle sent de tout son être que c'est le moment d'une mise au point, d'une discussion franche, même si celle-ci risque d'être difficile, houleuse, tendue. La survie, ou non, de leur cellule familiale est à ce prix. Toute son intuition, cette fameuse intuition féminine lui hurle que c'est maintenant qu'il faut crever l'abcès, silencieux, mais délétère, qui ronge peu à peu leur relation.

Leonard, aussi, est conscient des enjeux, mais comment faire ? Il perçoit Sharon comme un juge et non comme une complice. Comment pourra-t-il lui dire qu'il supporte de moins en moins de devoir justifier chaque acte, chaque décision, chaque souhait ? Comment pourra-t-il lui dire que pour désirer, il a besoin d'admirer, de faire confiance, de croire en la parole de l'autre ? C'est juste impossible quand il se sent toujours infantilisé par les problèmes de pouvoir de Sharon, par son besoin pathologique d'avoir toujours raison, même face à l'évidence, de tout connaître mieux que quiconque pour que nul ne puisse seulement imaginer qu'elle ne sait pas. Comment croire à ses « demain, je ferai ceci ou cela » alors que ce ne sont que des postures de prérogatives, évidemment démenties par la réalité. Lorsqu'il lui exprime ses pensées, elle commence par nier, bien sûr, par lui dire qu'il n'a pas compris, qu'il n'est pas la dernière roue du carrosse. Elle réalise soudain qu'elle est exactement en train de faire ce qu'il affirme, de récuser sa parole, de lui démontrer que ses ressentis sont faux ! En fait, elle commence à comprendre comment le fait de toujours se placer en « adulte sachant » inhibe tout désir chez l'infantilisé qui ne pourrait qu'être incestueux. L'attirance pour l'autre est une mécanique fragile et qui demande de la durée pour pouvoir s'exprimer. Il faut se sentir libre d'oser la parole. Celle-ci doit être encouragée dans un espace de confiance, pas muselée par une dévalorisation perpétuelle. Elle se souvient de ses cours, de Jacques Lacan qui expliquait que le désir n'est pas une fonction biologique, mais un lutin espiègle qui nous joue des tours. Celui-ci n'est pas dans la réalité commune, mais dans les fantasmes individuels. Comme il est sous-jacent à chaque propos, sans pouvoir s'énoncer clairement, il est fragile et vulnérable. Il disparait facilement souvent vers l'inconscient pris comme refuge.

Ils restent un long moment silencieux.... Ils pensent à la chanson de Jacques Brel « Ne me quitte pas » avec ses paroles si justes :

Il faut oublier / Tout peut s'oublier / Qui s'enfuit déjà, / Oublier le temps / Des malentendus / Et le temps perdu / A savoir comment / Oublier ces heures / Qui tuaient parfois / A coups de pourquoi / Le cœur du bonheur/

Mais comment être capable d'oublier ? Comment gommer des mois voire des années de frustrations, de jugements dévalorisants, de demandes incessantes de justification, de reproches latents....

Barbara et John

Après cette soirée d'accueil et les discutions avec le traiteur, Barbara et John rentrent dans leur chalet. Le temps d'arrivée dans leur petit refuge, ils sont complètement trempés. Il faut dire qu'ils n'avaient prévus un tel temps et les manteaux étaient restés au bungalow.

- Comment te sens-tu, Chérie ?
- Oh, à la fois, fatiguée et sur un petit nuage de bonheur ! Tu as eu une merveilleuse idée !!! J'espère juste que le temps ne gâchera pas tout !
- Non, ne t'inquiète pas, tout ira bien, répondit John avec un grand sourire.
- Je vais prendre une douche bien chaude, dit-elle en filant vers la salle de bains.

John allume un joli feu dans la cheminée et place un saut à champagne et deux flutes sur la table basse. Il pose aussi un joli paquet cadeau, rectangle de couleur pourpre décorée d'un ruban bleu pâle et d'un nœud un peu fouillis du plus bel effet.

Quand Barbara revient dans le salon, emmitouflée dans un épais peignoir, elle marque un temps d'arrêt en découvrant la table basse et son joli paquet. En souriant, John lui dit que c'est son cadeau d'anniversaire. Il sert le champagne et propose à Barbara d'ouvrir son cadeau. Elle s'approche et commence à vouloir défaire les nœuds, mais très vite, l'impatience l'emporte et elle déchire le papier pour découvrir une jolie boite en carton luxueux. Le couvercle est rapidement et, elle découvre un joli déshabillé, et un ensemble culotte et soutien-gorge très …. original.

- Je vais l'essayer, dit-elle en filant dans la chambre.

Lorsqu'elle revient, John est proprement subjugué par la beauté de sa femme ! Son déshabillé, en voile et tulle satiné, met en valeur chaque parcelle de sa féminité avec une audace pleine de bon goût et de fausse retenue, dessinant délicieusement ses formes parfaites. Descendant jusqu'aux chevilles, il sublime la finesse des chevilles de Barbara, attirant le regard de John sur les pieds de son épouse, dont les ongles rougis allument des étoiles dans les yeux de son mari. Connaissant évidemment son gentil fétichisme, elle en joue, en marchant doucement vers lui. Les sous-vêtements qu'elle porte sous cette lingerie fine renforcent son coté érotique. Les broderies et les volants de dentelles légères donnent à l'ensemble une touche si faussement innocente que cela devient une arme de séduction massive. Des petites chainettes argentées, astucieusement disposées en augmentent le caractère coquin, subtilement aguicheur. Absolument fasciné, il lui semble redécouvrir sa femme, le si joli galbe de ses seins dont il aime tant la peau satinée. Il se lève et la prend dans ses bras. En l'enlaçant, il sent tout son corps qui s'appuie sur lui et saisissant doucement sa taille, il presse son bassin sur le sien. Barbara, troublée elle aussi par l'ambiance, caresse doucement la nuque de son époux. Leurs lèvres se joignent pendant que leurs mains se parcourent, se ressuscitent, se reconnaissent. Leurs doigts créent un climat délicat de sensualité au contact de leurs peaux, douces et fraîches. Désir montant et complicité enthousiaste, leur embrassade se fait plus présente encore, protectrice et bienveillante. Leurs bras s'enlacent dans un profond moment de tendresse. Ils frémissent. Leurs corps entiers sont devenus terre d'accueil de désir animal et de pulsions impudiques. Ils se dirigent doucement, en titubant, vers la chambre, sans cesser de s'étreindre, de se serrer, de s'embrasser.

Dans les flutes, le champagne se réchauffe doucement…..

Samedi 29 janvier 1977

Beverly

Il est à peine 9h et à cette heure de la matinée, la serre est vide et silencieuse. C'est la raison pour laquelle Beverly s'y est réfugiée. Elle a besoin de solitude, de panser, une fois de plus, ses plaies, de calmer ses douleurs. Elle n'en peut plus. Certes, elle sait qu'elle n'est pas parfaite, qu'elle est maladroite, qu'elle fait tout de travers, ce qui irrite son mari. Celui-ci lui fait souvent remarquer sa façon de s'habiller, trop long ou trop court, jamais bien. Et des fois, bien sûr, il perd patience devant son éternelle gaucherie.

Elle se doutait bien, hier soir, que le fait de rire franchement aux plaisanteries de Wayne sur sa cravate au lieu de s'occuper exclusivement d'Henry allait déplaire à ce dernier Il aurait souhaité qu'elle reste à sa place. Elle avait commis une faute, toute à sa joie de revoir ses amis de Fac, Barbara, toujours aussi féline et Sharon, et Glenn, et Rebecca…. Elle aurait dû se souvenir que son mari ne venait pas de la même école, qu'il se sentirait un peu perdu face à cette joyeuse troupe. Il était déjà venu à contre cœur car il trouvait que Beverly lui coutait suffisamment d'argent pour ne pas le dépenser dans des sauteries qui n'avaient aucun intérêt pour lui. Elle sait aussi qu'il avait un peu peur car les conditions météo s'étaient beaucoup dégradées au cours de la soirée et qu'il détestait le mauvais temps. Elle ne sait que trop bien lire l'amertume du regard derrière le sourire de façade. Les autres ne savaient pas. Evidemment. En public, il était souvent courtois et affable....

Mais une fois dans l'intimité, il était devenu odieux, méprisant et comme de plus en plus souvent, sa colère l'avait emporté. Il l'avait injuriée, lui avait reproché d'aguicher les autres hommes présents. D'abord les mots, plus blessants les uns que les autres. Puis les coups qui se mirent à pleuvoir. Cacher les ecchymoses était de plus en plus compliqué. Elle en venait presque à aimer l'hiver et ses vêtements couvrants alors qu'elle était une fille de la campagne, aimant déambuler bras et jambes nus, sans craindre le froid. Mais cela, c'était avant.

Ce matin, elle a très mal dans les côtes et son abdomen est violacé tant il l'a frappée fort, à coups de pieds alors qu'elle se tordait de douleur sur le sol de la chambre. Il l'avait traitée de tous les noms, sans élever la voix, mais en détachant bien ses mots, rythmant ses phrases par des coups violents dans son bas-ventre qui ne lui a jamais donné d'enfants, malgré les nombreux viols qu'il lui a infligés. Elle s'est réfugiée dans la serre pendant qu'il dormait encore. Maintenant, elle pleure de douleurs, de tristesse, de solitude et de désillusion. Soudain, elle sursaute. Terrifiée, elle écoute les bruits de pas qui crissent sur le gravier de l'allée intérieure. Il l'a retrouvée ! Elle est terrorisée par les coups qui vont forcément recommencer après cette fugue, après qu'elle ait osé rechercher un peu de paix. Elle voudrait fuir, disparaître, s'enfoncer profondément dans le sol, mais elle est incapable de bouger, de retenir ses sanglots. Elle se sent envahit par un immense désespoir et en vient à souhaiter la mort pour mettre enfin un terme à son calvaire.

Wayne

Soudain, devant elle, se dresse un Wayne, tout sourire dehors. Il s'apprête à la saluer avec toute sa bonne humeur quand brusquement son sourire se fige. Il s'assoit près d'elle et lorsqu'elle se pousse un peu pour lui faire de la place, sa petite grimace de douleur n'échappe pas à l'œil du garçon. Il lui parle doucement pour la rassurer, l'interrogeant avec tact. Mais elle est trop submergée par les sanglots pour pouvoir répondre. Lorsqu'il pose la main sur la sienne, elle sursaute violemment. Il y a tellement de bienveillance dans son regard, tellement de cette lueur de tendresse qu'elle n'avait plus vu depuis si longtemps. Elle finit lentement par se calmer. Sans un mot, il approche sa main pour tenter de soulever son pull. Elle tressaute violemment et essaie maladroitement de l'en empêcher, mais en vain et il découvre les bleus sur son ventre. Il ne dit rien, mais l'attire doucement sur son torse large, solide, rassurant. Elle se réfugie dans l'odeur de ce gentil colosse. Ses larmes finissent par s'assécher et elle lui dit d'une toute petite voix qu'elle doit rentrer avant qu'Henry ne la recherche. Mais, il ne la lâche pas.

Il lui murmure qu'il va la conduire tout de suite en ville, voir un médecin. Elle refuse, bien sûr, mais le regard de Wayne est si déterminé. Il lui garantit d'un ton ferme que ceci ne se reproduira plus, que plus jamais Henry ne s'approchera d'elle et encore moins ne lèvera la main sur elle. Il le lui promet formellement ! Plus un homme ne lui manquera de respect, jamais !

Beverly lève des yeux incrédules vers lui, elle a tellement besoin de le croire ! Elle a tellement besoin d'une main amie pour la relever, pour briser le cauchemar qu'est devenue sa vie ! Elle se laisse aller. Son existence est en train de basculer, rien ne sera plus jamais comme avant.

Elle est un bouillonnement de sentiments mêlés, peur, honte et surtout fatigue. Elle prend sa tête entre ses mains avant d'enfouir ses doigts entre ses cuisses serrées. Ses yeux fuient le regard direct de Wayne, malgré toute la douceur qu'il déploie.

Il se lève en la soutenant et la guide doucement vers sa voiture. Elle ne sait pas si elle souhaite ou si elle redoute de rencontrer Henry. Le froid dehors la surprend et elle frissonne sur place. Après l'avoir installée le plus confortablement possible dans le véhicule, Wayne s'installe au volant et démarre malgré les bourrasques violentes et la neige. Il fait sortir le gros hummer du Castel Rose en se promettant d'appeler son avocat.

Henry

Henry marche d'un pas décidé vers le Castel Rose lorsqu'il voit le Hummer jaune vif, avec ses pneus énormes, quitter la propriété, Beverly à son bord. Il se bloque. Il est furieux contre ce faux Dandy qui profite de la faiblesse de sa femme, cette trainée qui se jetterait au cou de tous les hommes s'il n'était pas là pour veiller sur elle. Il va lui apprendre qui il est à ce mec qui se croit tout permis ! Heureusement que…

Au fond de lui, Il ressent une grande frustration et il se sent monter une colère sourde. Il sait qu'il est peut-être allé un peu loin, que tous les argumentaires, tous les justificatifs qu'il se trouve ne sont que des leurres dont il est la principale victime. Derrière son regard fuyant se terre une vague douleur. C'est une véritable dépossession qui l'accable soudain. Il réalise alors que le reste du séjour va être impossible car il pressent que le gentil garçon, qui accompagne sa femme, est certainement plus dangereux qu'il ne le montre. Henry se sait trop lâche pour affronter la réalité. Il retourne vers le bungalow. Puis, une vague inquiétude au creux de ventre, il se prépare un rapide petit déjeuner, tout en surveillant le retour de Beverly au bâtiment central. L'image du Hummer quittant précipitamment le domaine quelques minutes avant avec Wayne et Beverly en larmes lui revient en mémoire.

Glenn

Glenn se réveille doucement et entend les bourrasques de vent qui déferlent sur le domaine. Ses pensées sont pour Rebecca dont il connaît les habitudes de sportive invétérée. Il se doute qu'elle s'est levée de bon matin pour aller courir à l'extérieur de la propriété. Encore plein de sommeil et la tête pleine de rêves, il se traîne sous la douche et laisse doucement l'eau chaude le ramener sans traumatisme dans le réel. Il revient vers la chambre et regarde d'un air ému le grand lit défait. Il s'habille chaudement et se dit que Rebecca l'attend probablement déjà au Castel Rose pour le petit déjeuner. Dehors, de fortes rafales font voltiger une neige qui tombe abondamment. Il se dirige vers le Castel Rose. Quand il arrive, John est au téléphone. Il l'interpelle et lui dit « Tu tombes bien, toi » en lui passant le combiné.

Henry

Henry sort de la salle de bain. A presque 13 heures, il attend avec impatience et irritation que Beverly rentre de son escapade avec Wayne pour sortir prendre le repas de midi. Il ne dira rien tout de suite, mais cet après-midi, il faudra bien qu'elle lui explique comment elle peut se permettre une telle attitude à son égard et…

Soudain, il voit arriver une voiture de police au Castel Rose. Il pressent quelque chose de plus grave. Il jette ses quelques affaires dans sa valise et quitte rapidement le chalet. Protégé par le mauvais temps, il s'éloigne à grand pas vers le fond de la propriété. Il se retourne une fois qu'il est assez loin et aperçoit le policier qui, accompagné, de John, marche vers les « Cannas ». Il file sans attendre pour quitter le domaine. Il sent l'inquiétude le gagner. Il faut qu'il arrive à l'aéroport le plus vite possible pour sauter dans le premier vol en partance…..

Rebecca

Elle est perdue ! Ce n'est pas la première fois qu'elle risque de s'égarer en partant courir dans des lieux qu'elle connaît mal, mais cette fois, elle a gagné. La neige qui tombe sans arrêt depuis la nuit dernière et le vent fort qui la disperse un peu partout lui ont fait perdre ses repères. Les paysages changent et se ressemblent. Tout devient uniforme et indifférencié à ses yeux. Il est vrai que la dernière fois qu'elle était venue dans ce coin, c'était pour un séminaire avec son entreprise. Nous étions en plein été et elle était partie courir avec un petit groupe. Sans céder à la panique, elle pense à Glenn qui doit encore trainer dans un lit douillet pendant qu'elle se gèle ici.

Ils sont restés un peu ensemble « pour un dernier verre », hier soir dans la chaleur du feu du cottage dit des « Palmiers ». Pour changer, ils avaient parlé des souvenirs ravivés par les retrouvailles. Puis elle est rentrée aux « Agaves », affrontant encore la neige.

Récupérant quelques forces, elle fait quelques étirements et marche doucement, à la recherche de repères. Elle se dit qu'elle n'est pas dans le désert et qu'en continuant toujours dans la même direction, obligatoirement sur sa route se trouvera une bicoque ou au moins quelque chose de connu. Après un bon quart d'heure de marche, elle aperçoit, en effet, un toit et s'y rend d'un pas résolu. C'est complètement frigorifiée qu'elle frappe à la porte.

La femme, qui vient lui ouvrir, regarde avec un peu de méfiance cette jeune femme en jogging qui lui explique qu'elle loge au Castel Rose, mais qu'avec la neige, elle s'est perdue. « Entrez vite ». Elle téléphone alors pour prévenir l'hôtel. Puis elle offre à Rebecca un café brulant.

Bientôt, la voiture de Glenn klaxonne devant la maison…

Beverly

Wayne

A cause du mauvais temps, il n'y a presque personne lorsqu'ils arrivent aux urgences du Mercy Hospital de Buffalo, Beverly refuse que Wayne reste dans la salle d'attente. Elle est complètement paniquée. Elle se sait incapable de se prendre en main pour l'instant et ne veut sous aucun prétexte perdre le soutien de son ami. En sous vêtement, elle s'allonge sur la table d'examen et Wayne découvre alors son corps. Dans un premier temps, la vue de ses longues jambes marbrées de coups, de son ventre bleuit, de ses bras couverts d'ecchymoses, l'émeut, le révolte, le…

Les mots ne viennent même pas. Pour lui, incorrigible épicurien, le corps d'une femme est un appel à la caresse, à l'attention, à la douceur, alors que là, il découvre comment il a été massacré, frappé, battu par un véritable malade. Quand le médecin dénude sa poitrine. Il peut voir les ronds de certaines brûlures. « Cigares ? » demande le praticien. Elle hoche lentement la tête en signe d'acquiescement. En même temps, Wayne est complètement subjugué par la beauté du corps de Beverly. Il détaille la finesse de ses attaches, ses formes épanouies et harmonieuses, elle est très belle. La jeune femme observe Wayne. C'est la première fois qu'elle découvre dans le regard d'un homme à la fois du désir et du respect. Généralement, les yeux d'Henry n'exprimaient que mépris et dégoût. Elle a envie de vivre une vie normale. Elle n'a plus envie d'être aimée. Elle n'a plus envie d'être caressée. Elle n'a plus envie de connaître l'Amour. Elle a juste envie de disparaître. Le moment le plus difficile est lorsque le médecin lui annonce qu'il va pratiquer un examen gynécologique. Il l'emmène dans une autre partie de son cabinet, plus intime, plus discrète. En mettant ses pieds sur les étriers, elle se sent submergée par une vague de honte. Malgré toute sa douceur, le praticien ne parvient pas à la rassurer complètement et à atténuer cette

impression. Ses pensées s'accrochent à Wayne qui patiente dans la salle voisine. Elle l'imagine, le regard posé au loin, et son cœur se gonfle de gratitude pour ce grand bonhomme plein de tact.
Lorsqu'ils quittent le docteur, celui-ci remet à Wayne une dose d'adrénaline avec une seringue. Il lui explique que compte tenu de l'état de Beverly, il lui a administré des antalgiques très puissants mais qu'il peut y avoir un petit risque de réaction allergique. Dans ce cas, qu'il n'hésite pas à la piquer au bras pour bloquer le processus avant de revenir immédiatement. Il acquiesce en silence. Le regard que Wayne échange avec le praticien est éloquent et leur poignée de main longue et solide.
Ensuite ils se rendent au « Sheriffs Département », dans Delaware avenue. L'homme qui les reçoit connait bien le « Castel Rose » pour y avoir suivi plusieurs séminaires. Il appelle une de ses collègues pour recevoir Beverly et demande à Wayne de rester dans la salle d'attente. Les deux femmes partent ensemble dans un bureau isolé et tranquille. Grâce au certificat détaillé et explicite du Mercy Hospital, l'enregistrement de la plainte fut rapide et sans ambiguïté.
Il est juste midi lorsqu'ils sortent du commissariat et Wayne l'emmène déjeuner dans un petit restaurant sympathique. Puis à la fin du repas, il lui demande si elle a encore la force de tout lui raconter et de lui permettre d'enregistrer ce qu'elle dira. Elle sait au fond d'elle qu'elle devra le faire de toute façon, alors pourquoi pas maintenant. Le mélange entre l'alcool qu'elle a bu à table et les médicaments antalgiques la libèrent.
Wayne effectue un rapide aller-retour à sa voiture pour prendre un petit enregistreur à micro cassettes. Il le pose sur la table devant Beverly. Elle le regarde avec un pauvre sourire. Puis elle se met à parler d'une voix atone. Elle commence à lui dire qu'elle a déjà raconté son calvaire à la police, mais il l'invite à aller au-delà des faits récents. Elle confie alors que bien que titulaire d'un doctorat en architecture, elle travaille en tiers-temps comme surveillante d'études dans un lycée religieux à proximité de la petite entreprise d'Henry. Au fur et à mesure qu'elle parle, le ton s'affermit et pour la première fois depuis de longues années, elle n'a plus peur.
Elle explique comment elle n'a aucune existence légale. Tout est à son mari, la voiture, la maison, les factures arrivent à son nom à lui, la carte bleue dont elle dispose est celle du compte de son mari. Elle n'a même

pas de compte en banque à elle. Puis elle raconte comment sont venus les premiers coups, les humiliations, les injures, les nuits de peur et sans sommeil, la rupture avec ses proches, l'enfermement et le repli sur soi. Plus elle se confie, plus Wayne sent le sang se retirer de son visage. Il sent monter en lui une colère froide. Il ne lâchera rien ! Avec le certificat du médecin des urgences, le double du dépôt de plainte et maintenant, l'histoire de Beverly enregistrée, le dossier contre Henry commence à prendre corps.
Vers 14h30, en sortant du restaurant, il lui propose de se changer les idées et de faire un peu de shopping. Beverly refuse, bien sûr, expliquant qu'elle n'a pas d'argent et que de toute façon, Henri ne voudra jamais qu'elle le dépense en futilités. Alors, posément, Wayne lui explique que ce que peut penser Henri n'a aucune importance. Il lui affirme avec sérieux qu'elle n'a plus aucun compte à lui rendre. Que lui, Wayne, est assez riche pour dépenser ce qu'il veut et que cela lui ferait vraiment plaisir à lui si elle lui permettait de lui faire ce cadeau. Elle cède, bien qu'un peu gênée tout de même. Ils vont dans une boutique de vêtements et choisissent un ensemble, pantalon et veste, de couleurs gaies pour mettre en valeur son teint. Pendant qu'elle procède aux indispensables essayages, il réfléchit à la façon dont il va confier l'affaire à son avocat. Il en connait la pugnacité et le professionnalisme. Ils vont pulvériser ce malade !
Tout sourire, il cache ses préoccupations à son amie. Ils profitent de cette boutique pour acheter aussi un joli chemisier au col rehaussé de fines dentelles blanches, des ravissantes chaussures et pochette assortie. Il ajoute un gros manteau en peau retournée.
Enfin, sur un coup de tête, il la conduit chez un coiffeur pour terminer sa métamorphose. Ce soir, à la table de Barbara et John, elle sera parmi les plus belles des invités. Elle se laisse aller à rêver, même si elle ne le croit pas. On lui a tellement dit qu'elle n'était qu'ordinaire…
Ensuite, ils regagnent la voiture dont les énormes roues avalent la neige sans problème. Rien ne semble pouvoir entraver la route du puissant 4X4 et Wayne est manifestement un chauffeur très expérimenté.
Beverly se crispe quand ils arrivent vers 16 heures au Castel Rose. Ses larmes recommencent à couler. Elle est persuadée de replonger dans le cauchemar et cela la terrifie.
John, voyant la voiture revenir sort précipitamment. Beverly reste prostrée dans l'encoignure de l'habitacle, paralysée par une angoisse

violente. En quelques mots simples, Wayne met John au courant des faits et immédiatement celui-ci propose à Beverly d'être examinée par Sharon et d'avoir un entretien avec Barbara. Wayne prend la main de Beverly et lui explique que le témoignage d'une chirurgienne de la réputation de Sharon peut être un élément de poids pour la conquête de sa liberté et qu'un petit entretien avec Barbara, entre femmes lui fera le plus grand bien. Elle accepte les deux mais elle ne veut pas retourner au « Cannas ». Wayne demande à Barbara de le conduire dans son chalet. Il les rejoindra dans un moment.
Une fois les femmes parties, John explique à Wayne que la police est venue et qu'ils sont à la recherche d'Henri qui a disparu. Immédiatement, Wayne pense l'aéroport. Il y a une chance de l'attraper avant qu'il ne soit en vol pour New York ou Washington. John téléphone tout de suite au poste de police.

Anny

Les yeux grands ouverts, mais encore à moitié endormie, Anny s'efforce de se souvenir du lieu où elle se trouve. Un grand sourire éclaire son visage quand la mémoire lui revient. Les retrouvailles avec Barbara, Wayne, John et les autres lui font chaud au cœur. Des foules d'anecdotes remontent du passé pendant que, comme une jeune chatte, elle s'étire langoureusement, chassant de son corps les derniers engourdissements du sommeil. En se dirigeant vers la grande baignoire, elle décide de se faire couler un bain chaud, parfumé de sels aux algues, colorant l'eau d'un vert anis très doux. En entrant dans l'eau odorante avec un plaisir non dissimulé, la pensée de cette Marjorie lui revient. Elle a l'air si perdue et en même temps si forte. Elle lui a laissé une étrange impression, faite d'un curieux dosage de fragilité et de détermination. Probablement qu'elle aurait besoin d'être aidée, mais comment faire ? Pourtant, Anny aurait l'impression d'être coupable si elle ne tentait rien pour que Marjorie se sente mieux. Elle est prête à lui donner du temps, à lui donner de l'énergie, à la guider vers une voie qui lui permettrait d'accéder à un bonheur qu'elle-même n'a pas encore atteint. Elle refuse aussi de s'avouer que la beauté de Marjorie n'est pas étrangère à ses pensées et qu'elle est probablement beaucoup plus sensible aux charmes de cette dernière qu'elle ne se le confesse à elle-même. Ses joues rosissent à cette évocation et ses sens s'échauffent. Ses mains frôlent son corps dans sa délicate enveloppe de tiédeur et en palpe la douce nudité avec délectation. Son imaginaire s'enflamme et la sensualité de l'instant permet à l'onanisme de triompher...

Un long moment passe, cotonneux et agréable...

Sortant de son bain et se frottant vigoureusement de sa serviette épaisse, elle décide de passer à l'action. Une fois chaudement vêtue, elle prend le chemin du chalet de Marjorie avec l'intention de l'inviter à déjeuner...

Sharon et Leonard

Sharon se réveille doucement, percevant dans un demi sommeil de plus en plus ténu le bruit de la respiration de son compagnon. Elle s'étire comme une chatte langoureuse et se blottit contre la peau chaude de son Leonard. Elle repense à leur conversation de la veille et ne sait pas trop comment se comporter. Regardant l'heure, elle comprend pourquoi elle a un petit creux ! il est presque 13 heures ! Leonard doit être affamé aussi. Elle se lève et file sous la douche. Elle s'habille ensuite chaudement et réveille son mari. Pendant qu'il se prépare à son tour, elle confectionne un copieux petit-déjeuner. Ensuite, malgré le mauvais temps qui sévit toujours, ils iront faire une petite promenade pédestre sur le domaine.

Marjorie

Sa nuit a été difficile, tourmentée. Elle est un peu perdue au réveil et cherche à comprendre ce qui se passe en elle. Pour une raison qu'elle ne comprend pas encore très bien, l'image d'Anny, la silhouette d'Anny, le parfum d'Anny sont omniprésent dans son esprit. Certes, elle n'est pas née de la dernière pluie et elle a l'habitude de fixer ainsi ses pensées sur une autre personne, homme ou femme, d'ailleurs. Elle sait que c'est le prélude à une période de chasse pour assouvir ses instincts les plus primaires. Pourtant cette fois, c'est différent. Soudain, elle comprend pourquoi ! C'est la peur ! Ce qu'elle éprouve ressemble à ce qu'elle vit d'habitude, mais en même temps, il y a des sensations nouvelles. C'est comme si, cette fois, la relation pouvait avoir de l'importance, comme s'il y avait un autre enjeu, plus profond, plus impliquant. Elle a l'impression d'être en pleine mutation, d'arriver à un tournant important où il lui faudra faire des choix plus conscients, de conduites plus réfléchies dans ses interactions avec les autres, dans sa vie sociale et peut- être plus subtilement dans sa vie intime.

Pourtant, ce n'est pas sa faute si son histoire personnelle d'abord et la société ensuite l'opprime, la rend impuissante, l'enferme en permanence dans ce rôle de victime. Elle n'est pas responsable de sa fragilité excessive, de sa sensibilité à fleur de peau. Elle ne peut malheureusement rien faire face à cet état de fait. Elle se sent perdue, encore une fois. Elle ne peut pas changer son passé, l'attitude de son père, le silence de sa mère qui ne pouvait pas ne pas savoir.

Se dirigeant dans la salle de bains, vers la douche à l'italienne en évitant de regarder la baignoire, elle se lave avec du savon qu'elle fait elle-même. Elle ne peut pas, elle ne peut plus supporter même l'odeur des produits du commerce. Elle pense sans cesse à son incapacité à trouver dans la vie d'autres plaisirs que ceux qu'elle connait, que ceux qu'elle traque dans les comportements de violence, de destruction, de saccage. Au fond d'elle, bien sûr qu'elle aimerait bien construire quelque chose de différent, de durable, avoir une relation stable, connaître, sinon un bonheur tranquille, au moins la joie de rentrer chez elle pour y retrouver quelqu'un qui l'attendrait. L'image d'Anny s'impose à nouveau en filigrane. Elle pourrait échanger, raconter sa journée, même mauvaise. Elles pourraient se disputer, même, pourquoi pas, sur des choses futiles, vivre la vie d'un couple normal. Mais elle doit bien se rendre à l'évidence qu'elle ne sait pas faire cela. Alors, pourquoi est-elle obsédée par la peur d'une relation amicale avec Anny ? Qu'est-ce qui dans le comportement de celle-ci la déstabilise à ce point ? Elle s'habille sans trouver de réponse. Elle se prépare à rejoindre le Castel Rose pour voir comment est prévu le déjeuner quand on frappe à sa porte.

Anny lui annonce avec un grand sourire que si sa Volkswagen Beetle est d'accord pour les emmener, elle l'invite à déjeuner dans un petit restaurant qu'elle connait en ville. Et que sinon, en cas de refus d'obtempérer du véhicule, elles devront faire la route à pied, mais il y a moins de deux kilomètres. Marjorie éclate de rire, embrasse son amie et sans hésiter, enfile un gros manteau et des chaussures confortables.

Beverly

Wayne

Au cottage Aloe Vera, Beverly se sent comme dans un abri, une oasis, un gîte et c'est, en toute confiance, qu'elle se laisse guider par ses deux amies.

Une fois passé l'examen fait par Sharon et l'établissement d'un certificat très détaillé, son entretien avec Barbara l'a vraiment réconforté. Wayne a pris les clés du chalet « les Cannas » et il est allé récupérer son sac de sports et les maigres affaires qu'elle avait emportées. Il lui fallait aussi sa trousse de toilette. Une fois en possession de ses objets plus intimes, elle peut renaitre. Elle écoute la montée du fond d'elle d'un timide début d'estime de soi retrouvée. Pendant ce temps, Wayne lui a préparé un bain bien chaud avec une cascade de sels de mer parfumés au romarin séché qui colorent l'eau d'une jolie teinte turquoise. Alors, elle se laisse glisser avec bonheur dans l'eau délicieusement aromatique. La chaleur des boiseries qui l'entoure, le silence après toutes les émotions de cette dernière journée, tellement inattendue, tellement improbable, tout la réconforte. Totalement désorientée, cette parenthèse lui procure un bien être brut. Les douleurs de son corps et les meurtrissures de son âme se délitent doucement. S'immergeant doucement, plongeant la tête avec bonheur et délice dans l'eau, son contact bienfaisant se ressent maintenant du sommet de son crâne jusqu'au bout de ses orteils. Elle est dans un écrin l'enveloppant d'onctuosité protectrice. Les « pourquoi » et les « tu dois » qui régissaient sa vie se dissolvent dans cette onde bienveillante. Sentant renaître au fond d'elle une énergie nouvelle, un sourire doux étire ses lèvres. Maintenant, rien ne sera plus jamais comme avant. Sa résolution est farouchement ancrée au fond d'elle. Elle a juste peur de ne pas être assez forte pour cela.

Elle sort de la baignoire, transformée, transfigurée, presque déjà heureuse. Wayne a allumé la cheminée pour que, dans la pièce, la température, l'ambiance, la lumière soient plus agréables. Puis, il ouvre une bouteille de champagne, déposant deux flutes sur la petite table basse. Il allume aussi deux bougies pour renforcer l'intimité du lieu.

Lorsqu'elle quitte la salle de bains, enveloppé dans un peignoir épais, ses yeux laissent échapper une petite larme de joie, ressenti nouveau, encore. Ils trinquent à la fin d'années d'errance. De sa main chaude, il s'empare de son pied nu. L'éclairage tamisé fait briller sa peau délicieusement satinée. En souriant, il cajole ses formes doucement cambrées, passant une main mutine de la plante aux orteils, jouant avec délicatesse à étirer moelleusement, un par un, ses doigts comblés d'être l'objet de tant d'attention. Elle ne sait pas trop comment se comporter face à cette conduite qui la perturbe. Il y a si longtemps qu'un homme ne l'a pas considérée avec un tel respect. Elle est profondément ébranlée de ses attentions qu'elle croit encore imméritées. Elle découvre aussi avec surprise et intérêt que ses pieds nus peuvent être des objets érotiques quand on sait les caresser. Des sensations troubles se diffusent en elle et la bouleversent. Dans son for intérieur, elle se sent flattée et se dit qu'un jour éventuellement, elle retrouvera peut-être l'envie de lui offrir ce corps que jusqu'à maintenant Henry s'était contenté de lui prendre généralement avec violence.

Son champagne terminé, elle se blottie contre son nounours affectueux dans un élan de tendresse partagée et se sent enfin rassurée. Cet homme est un anti dépresseur d'une efficacité évidente ...

Un long moment s'écoule, temps figé, jusqu'à ce que Wayne lui dise qu'ils allaient devoir s'habiller pour ne pas être en retard au diner en l'honneur de Barbara.

Castel Rose

A 19 heures, comme convenu, Barbara et John accueillent leurs invités et les conduisent dans le grand local qui a été aménagée en salle à manger. Sur la grande table ronde dressée au milieu de la pièce, se trouvent dressés 10 Couverts. Pour faire simple, Barbara explique au groupe qu'Henry a, pour des raisons professionnelles, regagné New York. Les regards se tournent brièvement vers Beverly. Cette annonce ne pose pas de problème particulier au groupe. La côte de popularité d'Henri n'atteignait pas des sommets et de toute façon, il n'était pas connu, ce n'était pas un ancien de la fac.

Dans la tour d'angle, on découvre une piste de danse à coté de laquelle un orchestre a pris place, jouant en guise d'accueil un jazz très langoureux. Il n'y a pas de plan établi pour la place des convives, mais la consigne est « interdiction pour les couples d'être voisin de table », sauf pour Barbara et John qui doivent ordonnancer le service. Le traiteur et son personnel se partagent la seconde salle de réunion. Des odeurs de cuisine flottent dans l'air, prometteuses et alléchantes. Elles titillent l'appétit du petit groupe pendant qu'il attend l'apéritif.

Sur un guéridon, à l'entrée se trouvent posés les cadeaux offerts à Barbara.

Les premières coupes de champagne sont levées en l'honneur de l'hôtesse, absolument radieuse dans une robe très chic composée d'un bas long, au plissé très fluide et d'un haut de dentelles beiges qui mette magnifiquement en valeur son teint. John constate une fois de plus la chance qu'il a d'être aimé par une aussi jolie épouse. Coté habillement et beauté, les autres femmes, Beverly en tête, n'étaient pas en reste et rivalisaient d'élégance discrète et de bon goût vestimentaire.

Les hommes, eux, avaient clairement opté pour le style « Gentlemen Farmer » en détente à la campagne à coup de gros pantalons de velours et de pulls en laine irlandaise. Qu'importe, le but de la soirée n'était pas une manifestation de mode, mais un défilé de saveurs enchanteresses pour les papilles. Et face à ce défi, tout le monde était prêt !

Pendant cette phase préliminaire au repas, Barbara commence à ouvrir les cadeaux qui trônaient pour elle sur la petite table basse. Des parfums français aux étoles de marques, chaque paquet déballé est accueilli par une salve sincère d'applaudissements. Pendant que l'attention du groupe est détournée par l'ouverture des cadeaux, John informe discrètement Wayne de l'arrestation d'Henri. Il a été intercepté dans le hall de l'aéroport. A cause du blizzard, aucun avion ne circulait. Les deux hommes échangent un regard complice. Puis Barbara ayant ouvert le dernier petit paquet, chacun s'installe autour de la table en respectant les consignes données par le maître de maison.

Arrivent les entrées : de petites tranches de saumon fumés servies sur des blinis à la farine de châtaignes et parfumées de crème à la vodka.

Dans le silence qui suit l'arrivée de ce plat, on entend la voie de Wayne qui explique à Leonard sa passion pour les nouvelles technologies. Puis chacun reprend ses discutions avec voisin ou voisine. Wayne poursuit. Il est persuadé que bientôt les cadres auront à leur disposition des petits calculateurs personnels qui les libèreront du carcan de l'informatique professionnelle, lourde et aux mains de techniciens qui détiennent le véritable pouvoir. Il est persuadé que chacun disposera dans son bureau d'une machine à imprimer individuelle, de petite taille. Il est en contact avec la société japonaise Seikosha qui, non contente de fabriquer montres et horloges de précision est en train de développer toute une branche industrielle autour de ces petites merveilles. Il raconte comment il a testé chez lui l'EP-101, Electronic Printer for Son, une machine Epson, un autre japonais, utilisée depuis les jeux de 1964 à Tokyo et qu'il a branchée sur un Apple 1, un calculateur américain sorti il y a juste 6 mois. Les résultats sont si remarquables qu'il a créé une société qui commercialise ces ensembles avec des programmes de comptabilité simple.

L'engouement des jeunes chefs d'entreprise pour ces solutions est impressionnant et il n'arrive pas à produire suffisamment pour répondre à la demande. Leonard, en raison de ses fonctions de Directeur Administratif et Financier de « l'Hospital for Special Surgery », est très intéressé par les propos de Wayne et lui pose mille questions sur le fonctionnement, sur les coûts, sur les avantages de ces systèmes, sur leur fiabilité, etc…

Bref, ils se retrouvent complètement enfermés dans leur bulle et c'est tout juste s'ils remarquent qu'après les entrées, on vient de poser devant eux un magnifique suprême de volaille, fruits secs et spéculoos accompagné de son écrasé de pommes de terre.

- « On peut acheter la paix sociale à coups de : tu honoreras ton père et ta mère, ou encore : les premiers seront les derniers ».

La voix de Sharon couvre un moment les autres bruits. Les bribes de sa conversation enflammée avec Glenn et Marjorie font sourire John et Barbara qui échangent un regard complice.

- « Ce n'est pas le seul aspect de la religion, il n'y a pas que l'intérêt politique et de domination, il y a aussi une dimension de spiritualité dont chacun a besoin. » lui répond Marjorie.

Sharon insiste aussi sur l'aspect embrigadement et prescriptif des croyances. Pour elle, cette spiritualité est avant tout un outil de pouvoir des hommes sur les femmes qui impose des valeurs normatives très violentes à coup de dictons dit populaires « Tu enfanteras dans la douleur », ou encore « une femme honnête n'a pas de plaisir ».

- C'est plus large encore que cela, affirme Glenn. Ce ne sont pas seulement les femmes qui sont visées par ce type de religions, mais toutes les dérives par rapport aux obligations autoproclamées !

Dans les contes, quand la conclusion est : « ils se marièrent et eurent beaucoup d'enfants », on ne se contente pas de perpétuer le modèle institutionnel, on disqualifie du même coup tous les autres, familles monoparentales, couples de même sexe, etc…

Les croyances définissent des normes sociétales, comme le font les dix commandements de l'église en mélangeant des choses qui tiennent à la survie de l'espèce, exemple : « tu ne tueras point » mais, bien sûr, en réservant à ses serviteurs la possibilité de déroger pour le « bien » de la cause, par exemple, en bénissant les « guerres dites saintes ».

- Ce n'est pas l'apanage des religions, dit Marjorie, c'est tout un modèle collectif qui fonctionne ainsi ! « Joue bien le jeu, et obtiens des diplômes », c'est-à-dire apporte la preuve que tu as intégré les valeurs qu'on a voulu te transmettre et en retour, tu auras des gratifications sociales, bon salaire, statut de notable, etc...
- Tu as raison, dit Sharon, on a mis au point un système de transmission des règles avec les récompenses, évidemment, un bon diplôme donne un bon salaire !

Marjorie complète en disant : ce n'est pas tout ! On a inventé un outil pédagogique pour que le peuple puisse avoir une représentation du bien et du mal, c'est la règle de verticalité ! l'ascenseur social, prendre de la hauteur, s'élever l'esprit, la haute société et les basses couches sociales.

- En fait, dit Glenn, on a instauré un système et on essaie ensuite d'adapter les gens aux règles et quand ça ne fonctionne pas, on invente un coupable, ce sera Satan, le diable et autres démons !
- Quand ce n'est pas le peuple lui-même, complète Sharon, on le fait culpabiliser pour mieux le punir ensuite de la prétendue faute !!!

Marjorie ajoute, on a même mis au point tout un système de garde-fous pour assurer le SAV, l'enfer ou le paradis. On a créé une sorte de milice psychologique, les prêtres et consorts.

- Qui ne marche pas forcement ! intervient Sharon, Regardez les cathares, les boulgours et autres en Europe au Moyen Age.

Les conversations s'entrecroisent, preuve s'il en est que l'ambiance est assurée. Barbara rayonne et pose doucement sa main sur celle de son mari….

Glenn

Entre la poire et le fromage, selon l'expression consacrée, Glenn frappe fortement son verre avec sa fourchette, provocant le silence qu'il souhaitait. Il se lève alors et avec la voix un peu chancelante, il déclare qu'il a une annonce à faire. Très cérémonieux, il s'adresse tout d'abord à Barbara et à John en les remerciant de l'avoir invité à ce bel évènement. Il les prie aussi de bien vouloir excuser son opportunisme mais il explique que ce qu'il a à déclarer est susceptible de changer sa vie et s'avère de ce fait de nature à justifier sa goujaterie. Evidemment, après une telle introduction, le public a toute son attention et attend la suite dans un silence quasi religieux. Il poursuit donc en évoquant sa vie assez morne pendant de longues années. Le groupe commence à manifester des signes d'impatience aussi Glenn décide de se jeter à l'eau. En fait, il doit bien s'avouer à lui-même que c'est bien la peur qui le pousse à différer sa proposition. On l'entend alors distinctement prononcer :

- Rebecca, veux-tu m'épouser ?

Dans un grand concert de chaises, chacun se tourne vers une Rebecca surprise et écarlate, fixant de ses grands yeux un Glenn tétanisé ! Il a sorti de la poche de son veston, une boîte carrée. C'est manifestement l'écrin d'une bague de fiançailles, que ses doigts soudain maladroits, ont des difficultés à ouvrir. Il la tend vers la jeune femme dont le souffle n'est pas encore revenu. Muette de stupeur, elle saisit le bijou...

Un long et pesant silence s'installe. L'orchestre lui-même, sensible à l'atmosphère soudaine s'est arrêté de jouer...

Et tout d'un coup, le film, jusque-là figé, se remet en route. Rebecca saute au cou de son futur mari en criant un « Oui » retentissant sous un tonnerre d'applaudissements ! D'un signe discret, John s'adresse à l'orchestre qui improvise sans partition les premières mesures de la marche nuptiale de Mendelssohn !

Marjorie

S'il est une personne dans le groupe qui réagit aussi, c'est Marjorie. La demande en mariage de Glenn à Rebecca fait remonter en elle des choses brutales. Elle se sent une nouvelle fois renvoyée à son isolement. Quand cette sensation d'abandon l'envahit, elle se sent toujours perdue. Quoi qu'elle fasse, elle se sent submergée et ne sait plus comment trouver les ressources, les solutions pour briser son carcan. Pour elle, cette scène est comme une véritable agression. Elle sait qu'elle doit rompre avec cette emprise, qu'elle doit détruire cette insupportable oppression.

Depuis ces quelques jours, depuis sa rencontre avec Anny, une insidieuse alchimie s'est mise en route dans son corps, dans son inconscient, dans ses tripes.

Elle cherche à définir ce qu'est pour elle la solitude, cette impression de vacuité, de vanité, d'inutilité qui la détruit, qui l'annihile, qui la néantise ! Existe-t-il une seule forme d'esseulement ou est-ce au contraire un concept multi morphe ? Elle a l'impression que l'abandon est un ressenti plus qu'un fait, une sensation plus qu'une circonstance, que l'on soit ou non accompagné. Elle peut probablement aussi se développer au sein d'un couple quand l'un des deux ne voit plus l'autre que comme un meuble, un objet routinier, tellement familier qu'il devient invisible. Elle peut aussi s'inviter quand, quelle que soit le sujet abordé, l'autre, du haut de ses probables 25 doctorats, assène une véritable leçon à son auditoire, monopolisant la conversation et distribuant des vérités dont le caractère indiscutable est tout entier contenu dans la façon péremptoire dont il est infligé.

L'argumentaire opposé au malheureux innocent, même spécialiste du sujet abordé, est structuré de façon précise et justifié par une cascade de « c'est évident, il faut avoir lu ceci » ou encore « évidemment, tu ne vois jamais ces choses-là », qui ramène l'impudent à la place d'enfant benêt et obtus, à la place d'objet « faire valoir », qu'on lui assigne et qu'il n'aurait jamais dû quitter !

Une fois le phénomène identifié, reste à savoir comment il est gérable. Soit la victime de ce débordement normatif l'accepte car elle reste ainsi dans une zone très relative de confort car elle en connait toutes les subtilités, soit elle se rebelle et se trouve alors face à un inconnu angoissant dont elle ignore sur quoi, il peut déboucher. A-t-elle envie, ou peur, de prendre le risque du changement ?

Submergée par les émotions contradictoires qui s'affrontent en elle, elle attrape une bouteille de vin sur la table et sa pochette. Elle se lève pour sortir de la pièce, pour fuir cette ambiance de liesse qui s'est emparée du groupe. Malgré la tempête, malgré la pluie, la neige, les vents et autres caprices du temps, elle ne peut pas, elle ne peut plus rester ici !!!

C'est alors que tout s'éteint !!!

L'orchestre s'arrête.

Un silence surpris s'empare de l'assistance.

A-t-on éteint les lumières pour mettre en évidence le gâteau et ses bougies ?

On entend la voix de John qui résonne dans le silence.

- Mes amis, j'aurais aimé vous dire que je suis responsable de cette coupure du courant, mais il n'en est rien. Elle semble être liée au secteur puisque tout est noir autour. Ne vous inquiétez pas et restez à vos places. Cette zone, ainsi que la serre qui doit être maintenue hors gel, est couverte par un groupe électrogène qui ne devrait pas tarder à se mettre en route. Il y a une temporisation de 10 minutes avant sa mise en fonction automatique. Lorsqu'il aura démarré, nous vous servirons le dessert, dont je crois qu'il s'agit d'une pièce montée !!!

Le silence se prolonge, puis on commence à entendre le bruit des chaises de ceux qui s'installent plus confortablement. La main de Beverly se pose timidement sur le bras de Wayne, cette obscurité qui se prolonge l'inquiète un peu.

Quelques minutes plus tard, l'électricité revient et l'orchestre attaque un air enjoué. Le service reprend. Anny remarque du coin de l'œil que la place où était assise Marjorie est vide. La pochette qu'elle avait posée près de son assiette a également disparue…

Les conversations reprennent de plus belles et les invités font honneur à la pièce montée. L'orchestre commence à jouer des morceaux plus rapides, plus « discos ». Comme pour exorciser le blizzard qui sévit de plus belle, le champagne coule à flot et les danseurs envahissent la piste. Ils se déchaînent sur les rythmes entrainants proposés par les musiciens.

Un peu plus tard dans la soirée, John met en place des bougies et les lampes éteintes, on danse sur des slows dans un éclairage plus chaleureux…

Quand un long moment après, les couples ont regagné leurs places et que la fatigue de cette longue journée commence à se lire sur certains visages, John prend la parole pour donner les dernières consignes. Il est allé vérifier et a constaté que les chalets étaient encore privés d'électricité.

- Mes amis, je suis désolé de cette nouvelle, mais vos logements sont pour le moment privés de courant. Manifestement, le blizzard nous joue un mauvais tour. Vous trouverez en partant vers vos chalets des lampes électriques à piles et des parapluies. En arrivant sur place, des bougies et des allumettes sont rangées dans les tiroirs du coin cuisine. Je vous conseille de déplier les canapés lit devant un bon feu de cheminée pour lutter contre l'absence de chauffage. Vous y gagnerez en romantisme, non ? Vous aurez aussi la possibilité de confectionner des boissons chaudes puisque les chalets disposent d'une gazinière. Il y a aussi des couvertures supplémentaires dans l'armoire de la chambre. Barbara, est-ce que j'ai oublié quelque chose ?
- Non, je ne crois pas, sauf peut-être que si certains ont peur de se perdre, John ou moi, nous pourrons vous accompagner jusqu'à votre porte. Je voulais aussi vous demander de nous excuser de cette fin de soirée un peu compliquée et surtout vous remercier des jolis moments que vous m'avez offert pendant ce week-end. Je vous souhaite tout de même une bonne nuit à tous et nous aviserons demain pour organiser vos retours.

Tout le monde applaudit une nouvelle fois et récupérant lampes et manteaux se dirigent tranquillement vers les logements.

Sharon et Leonard

C'est avec plaisir qu'ils regagnent leur pénates. Faire un joli feu dans la cheminée leur rappellera les bons moments, les Noëls chez les parents de Sharon, les longues discussions passionnées autour d'un cognac français. Par ailleurs, ce romantisme forcé arrange bien Sharon qui veut toujours faire l'impossible pour sauver son couple. Ce soir aussi, ils ont refait le monde. Sharon a défendu son point de vue sur les religions et a été heureuse d'être en phase avec Glenn et Marjorie. Elle ne sait pas trop quoi penser de cette dernière qui semble être capable de souffler le chaud et le froid, parfois dans la même phrase. Elle sent beaucoup de souffrance derrière tout cela. Elle a remarqué qu'Anny la dévorait du regard et elle se dit qu'elles devraient peut- être se rapprocher l'une de l'autre.

Leonard, lui, est reparti la tête pleine de projets. Ce diable de Wayne pourrait bien avoir raison avec ses histoires de calculateurs personnels. En rentrant, il va commander des recherches aux informaticiens de l'hôpital car il serait heureux de bien prendre ce virage stratégique si cela s'avérait pertinent.

Vraiment, il perçoit là un champ important d'investigation. Il faudra qu'il redemande à Wayne le nom des sociétés qu'il a cité pour ces machines à imprimer japonaises. En attendant, il s'active à allumer un joli feu et à préparer une atmosphère romantique avec quelques bougies autour de la cheminée.

Lorsque Sharon sort de la salle de bain, à peine vêtue de sa jolie nuisette très courte en dentelle et complètement frigorifiée, elle se dépêche de se blottir contre lui et lui demande de la réchauffer.

Après une courte hésitation, il referme ses bras sur elle avec toute la tendresse du monde… Dehors, les éléments semblent déchainés. Les japonais attendront !

Beverly

Wayne

Lorsqu'ils ont regagné le chalet après ce repas mouvementé, celui de Wayne s'est imposé comme une évidence. Contrairement à ce qu'elle craignait un peu, il n'a pas proposé de partager sa couche. Il a suggéré qu'elle passe la nuit devant la cheminée qui chauffera la pièce. Il ira dormir dans la chambre sans chauffage à cause de la tempête, le froid n'est pas un problème pour lui.
Il lui a préparé un lit douillet dans le cossu canapé convertible et pour la première fois depuis belle lurette, elle s'aperçoit qu'elle n'a pas peur. Peur d'être réveillé en pleine nuit par Henry sous un prétexte futile, peur qu'il veuille assouvir un désir charnel, et contrarié qu'elle ne l'ait pas anticipé au lieu de dormir égoïstement, peur d'une nouvelle scène imprévisible, mais toujours dégradante. Non, elle se sent plus sereine qu'elle ne l'a été depuis longtemps. A peine la porte de la chambre s'est-elle refermée sur Wayne, qu'elle sombre dans un sommeil lourd, profond.
Au milieu de la nuit, elle se traîne hors de la couche bien chaude pour se rendre aux toilettes. Ses pieds nus sur le sol se glacent presqu'instantanément. Elle pense aux mains de Wayne qui avaient si bien su les réchauffer en cette fin d'après-midi qui semble à la fois si proche et si lointaine.
Elle écoute si des bruits viennent de la chambre mais elle n'entend rien d'autre que les bourrasques qui continuent de souffler violemment. Alors, elle pousse doucement la porte et vient se couler contre le dos de son Beau Gros Géant, épiant son souffle mêlé au grondement de la pluie, du vent et probablement de la neige qui continue à déferler sur le petit chalet. Elle pensait que jamais plus un sentiment amoureux ne pourrait exister pour elle, que son cœur était définitivement inoccupé, qu'il était juste un abysse sombre. Elle redécouvrait que, somme toute, les choses les plus simples peuvent arriver et que peut-être même, ce sont celles qui ont le plus d'importance.
Elle sent alors la grande carcasse de Wayne qui se retourne vers elle.

D'abord surpris, puis incrédule, il prend délicatement la tête de Beverly entre ses mains puis insensiblement il rapproche son visage du sien. C'est elle qui va aller chercher ce baiser, c'est elle qui va venir coller ses lèvres sur sa bouche.
Ce baiser !
C'est comme un baiser de cinéma. C'est comme Rhett Butler et Scarlett O'hara, c'est Jean et Nelly de « Quai des brumes », c'est Faye Dunaway et Steve McQueen dans « l'Affaire Thomas Crown » ! C'est un baiser d'anthologie, c'est un baiser de cinéma qui s'est perdu dans la réalité. Beverly comprend alors qu'elle est définitivement addict à cette espèce de gentil nounours, pendant que Wayne, de son coté, se dit que sa vie de patachon est désormais terminée. Il a enfin trouvé la femme qu'il cherchait. Il a enfin trouvé un objectif à sa vie. Alors, ils ont fait l'amour, avec une infinie tendresse, avec une attention à l'autre que Beverly n'avait jamais connue. Puis ils ont parlé, longtemps, beaucoup. Ils ont migré vers le salon pour retrouver la chaleur de la cheminée, puis, à nouveau, elle a offert son corps à Wayne. Elle savait qu'il y aurait des difficultés, qu'il lui faudrait apprendre à aimer sans peur, à redécouvrir le bonheur de s'offrir à l'autre. Elle a beaucoup appris aussi de son Bon Gros Géant.
Quand plus tard, elle pensera au blizzard de ces derniers jours, cela la renverra davantage à des éléments sensoriels internes qu'à un phénomène météorologique.
Puis ils ont encore parlé, blottis l'un contre l'autre dans ce canapé du bonheur. Wayne lui a dit qu'il ne la laisserait plus jamais, qu'ils allaient rentrer ensemble à Albany. Qu'il l'aidera à trouver un travail qui lui convienne. Il passera quelques coups de fil, car dans la Navy, on est toujours solidaire.

- Tu as servi dans la Navy ? lui demande -t-elle
- Commandant Wayne Eliot, instructeur des commandos d'élite, pour vous servir, Madame.

Elle comprend alors pourquoi il ne craignait pas Henry, il lui aurait fallu moins de deux minutes pour lui flanquer une raclée magistrale !!!
Elle sait qu'il lui faudra apprendre à ne plus aimer Henry, mais l'a-t-elle aimé un jour ? Après sa rencontre avec Wayne, avec la liberté, avec ce tendre et délicieux tsunami dans sa vie, elle n'en est plus très sûre.

Elle se laisse glisser dans un sommeil plein de jolis rêves de futurs radieux….

Rebecca Glenn

Il est des moments où rien ne peut vous atteindre ! Rebecca et Glenn sont en train de vivre l'un d'eux. Chacun de son côté tire mille plans sur la comète. Ils ont tant de choses à discuter, à mettre au point, à commencer par leur mariage ! Une fois le feu embrasé, les seules lueurs viennent des flammes de la cheminée et des quelques bougies qu'ils ont allumées. Le vacarme extérieur les enferme plus encore dans cette bulle intime, protectrice. Une douce tiédeur se répand dans la pièce et donne aux couleurs des nuances chaudes. Ils se dénudent partiellement, gardant leurs sous-vêtements en rempart à leur pudeur, tout en créant une sorte de complicité charnelle. Ils se parlent de futur, mais chacun écoute plus le son de la voix de l'autre que ses mots. Ils laissent leurs sens se solliciter doucement. Ils déroulent, dans l'éveil de leur sensualité, la montée chromatique d'un hymne à la lenteur. Leurs corps se nimbent d'une sorte d'irréel qu'ils prennent grand soin de ne pas brusquer. Leurs visages radieux se font face et leurs mains se redécouvrent dans un ballet lascif. Ils s'apprêtent à vivre pleinement leur première nuit commune, leur nuit de fiançailles….

Marjorie

A peine sortie du Castel Rose, emmitouflée jusqu'au cou dans une écharpe qui est sensée la protéger du froid, Anny se précipite vers « La Passiflore », chez son amie. Le lieu est plongé dans l'obscurité. Elle frappe doucement à la porte, puis plus fortement. Le chalet semble totalement silencieux si tant est que les sifflements furieux du vent dans les branches permettent d'entendre quoique ce soit... Une petite pointe d'inquiétude commence à l'envahir. Cela fait pratiquement une heure que Marjorie a disparu. Elle retourne sur ses pas et se dirige vers « Les Arums », son propre chalet. Peut-être Marjorie a-t-elle voulu l'y rejoindre et qu'elle l'attend sur place. Même silence et même obscurité. Anny sent une boule lourde gonfler dans son ventre. Elle ne veut pas crier le nom de Marjorie et ameuter tout le groupe. Où peut-elle être, si elle n'est ni dans l'un, ni dans l'autre des chalets.

En retournant vers le Castel Rose, elle se concentre sur le bruit de ses pas, sur le vent qui fait craquer les branches, sur la neige qui l'aveugle. Elle refuse de laisser l'angoisse prendre le pouvoir, de la dominer et de l'empêcher de penser lucidement. Ses amis, ses relations, les gens qu'elle croise en général, la croit calme, raisonnable mais ils ignorent évidemment son histoire, ce torrent de sentiments contradictoires qui s'affrontent en permanence en elle. Sa rencontre avec Marjorie n'a fait qu'amplifier ces conflits internes. Lorsqu'elle arrive, John est en train de discuter avec le restaurateur, improvisant quelque chose pour le lendemain dimanche. Heureusement, un rapide inventaire montrait qu'il y avait suffisamment de restes pour organiser au moins un, sinon deux repas. Il a pu téléphoner aux forces de police qui lui ont confirmé que toute la région était paralysée en raison du blizzard qui déferlait depuis maintenant plusieurs heures. L'aéroport était fermé et on ne savait évidemment pas quand il pourrait reprendre ses vols. Anny entre en prétextant un oubli avant de filer aux toilettes. Marjorie n'y est pas. Elle revient en saluant tout le monde d'un ton faussement enjoué et en félicitant le traiteur de sa prestation. Elle sort du Castel Rose, de plus en plus inquiète, affrontant vaillamment les bourrasques de vent, de neige et de pluie glacée. Une idée lui traverse l'esprit et elle se précipite.

Lorsqu'enfin, Anny trouve Marjorie, sur un petit banc de la serre, recroquevillée sur elle-même pour lutter contre le froid qui commence à régner là aussi, elle sent monter en elle un sentiment contradictoire, où se mêlent étroitement, colère et soulagement. Elle se penche vers elle et lorsque Marjorie ouvre les yeux et veut protester, demander à ce qu'on la laisse tranquille avec sa douleur, avec son histoire, avec sa vie gâchée. Anny se déchaîne. Toutes les peurs qu'elle a accumulées, toutes les angoisses qu'elle a vécues au cours de cette recherche explosent en même temps. Furieuse, elle lui crie qu'elle n'a pas le droit de toujours se positionner en souffre-douleur pour plusieurs raisons d'ailleurs.

La première est que ce n'est pas vrai qu'elle est toujours victime car elle peut souvent aussi être celle qui persécute. Elle lui affirme aussi qu'elle est sûre qu'en réfléchissant bien, il lui arrive aussi d'aider les autres. La seconde raison qu'elle lui assène est qu'elle ne se donne aucune possibilité de s'en sortir quand elle se fige dans cette attitude ! C'est bien commode pour ne rien faire et pour accepter son sort, voire pour en faire ses délices ! Enfin, la troisième est qu'elle vaut beaucoup mieux que ces jérémiades et que ces autodestructions prétendument inévitables ! La bonne question à se poser, poursuit-elle rouge de colère et de froid, c'est pourquoi elle se complait dans ce rôle de victime ! Pourquoi refuse-t-elle de quitter cet état de persécutée, pourquoi ne prend-elle pas ses responsabilités et ne se donne-t-elle pas les moyens de réussir, d'être heureuse, de s'épanouir ?

Reprenant son souffle face à une Marjorie silencieuse et médusée, elle lui explique que, quand elle était enfant, elle aussi a subi des attouchements de la part de son père. A huit ans, elle a appris la fellation !!! Mais, elle doit dire merci à sa mère qui est intervenue et qui a mis en route la justice. C'est vrai qu'elle a eu cette femme qui a bien réagit, et grâce à cela, elle se sent le devoir d'être le porte-parole de toutes celles qui n'ont pas eu cette opportunité. Son père a été condamné. Cela dit, elle a bien dû se reconstruire toute seule.... A grands coups de pieds aux fesses et pas en larmoyant sur son sort de pauvre martyre !!!

- Je ne sais pas comment faire. Je ne peux pas faire appel à la loi pour me rendre justice, mon père est mort !!! tente de plaider Marjorie
- C'est tout ce que tu as trouvé ? Tu te moques de qui ?

Un moment passe, puis, rompant le silence un peu lourd qui est en train de s'installer, Anny reprend doucement.

- Pardon, je suis en colère, c'est vrai, mais j'ai eu très peur pour toi. Je sais très bien, puisque j'ai eu le même problème, à quel point tu es capable d'être assez sensible aux autres et comment tu sais les utiliser. Peut-être cette fois pourrais-tu le faire pour te reconstruire …Je t'assure que tu vaux beaucoup mieux que cela !!!
- Comment peux-tu le savoir ? On se connait depuis trois jours !
- Je t'assure que je connais bien ce que tu vis. J'y suis passée aussi. Tout comme toi, j'ai un radar très affuté concernant les émotions des gens. Je sais bien que tu te sens tiraillée mais je crois sincèrement que la seule question que tu devrais maintenant te poser est : « Qu'est-ce que je veux ? » Puis, partant de la réponse, quelles sont les choses que je dois mettre en place pour atteindre cet objectif, en termes de stratégies, en termes de moyens, en termes de délais ! Je veux bien croire que tu aies vécu jusqu'à maintenant au jour le jour et en fonction des pulsions qui te traversaient, mais à partir de cette minute, Marjorie, tu ne pourras plus dire : « Je ne savais pas » !

Un long silence suit cette observation d'Anny. Les larmes de Marjorie coulent silencieusement. Elle sait bien que son amie a raison, elle voit bien quel naufrage est sa vie, mais elle se sent aussi très seule pour affronter cela. ! Elle pense que ses relations avec les hommes n'ont jamais été satisfaisantes, mais que c'est juste la contrainte sociale qui les lui a imposées. Elle se sait évoluant dans une société basée sur l'hétérosexualité et la domination masculine. Mais elle ne se sent pas épanouie dans cette société. Elle veut aimer librement, elle décide que c'est de sa vie qu'il s'agit et elle va la mener comme elle le souhaite ! Elle est homosexuelle !!! Bien !!! Elle va désormais l'assumer pleinement !
La main d'Anny se pose doucement sur la sienne. Son souffle chaud, réconfortant, murmure à son oreille des encouragements. Au fond d'elle, c'est comme si une petite lueur s'allumait. Elle n'a jamais connu cet élan qui la traverse. A 34 ans, elle semble prendre conscience de quelque chose qui pourrait ressembler à de la tendresse pour quelqu'un.

Elle constate que pour la première fois, elle ne veut pas la conserver égoïstement pour elle, elle veut la donner, elle veut l'offrir, elle veut la partager avec cette si jolie jeune femme qui la comprend si bien. Certes, elle lui a parlé avec dureté ! C'est le seul langage qu'elle comprenne ! Mais ses mots étaient d'une telle justesse que sa vie pourrait basculer. Lorsqu'elle lève les yeux vers Anny, elle lit, dans la douceur de son regard, les messages silencieux qu'elle espérait depuis si longtemps ! Elle va enfin oser déclarer son amour pour les femmes en général et pour Anny en particulier !
Elle ne sait pas comment leurs lèvres se sont soudées…
Pour la première fois depuis longtemps, Anny, de son coté, a conscience du poids de son isolement qui la quitte lentement. Elle se sentait si seule et si agitée ce soir. Le vent semble redoublé de violence, les isolant dans un lieu paisible. Dans sa bouche, renait le souvenir de baisers trop lointains. Partout sur sa peau, elle ressent le désir de contact, de mains caressantes et chaudes pour pouvoir flotter à nouveau comme un bateau ivre…
Elle a envie que Marjorie la touche, d'abord par-dessus ses vêtements, bruit de l'étoffe frottée sur la peau érotisant l'oreille aux aguets. Elle a envie que s'éveille son corps sous des doigts qu'elle devine déjà délicats. Quel remue-ménage en elle ! Des réminiscences de volupté voltigent comme des papillons de nuit. Ils viennent s'abattre sur son actuel désir et s'acharnent à le faire exploser à la seule pensée de ces plaisirs intimes auxquels, depuis trop longtemps, elle n'est plus conviée.
Elle sait que la voie sur laquelle elle s'engage est une voie compliquée, dangereuse. Elle sait que Marjorie a ce don d'être séductrice, avec ce talent si particulier d'être rayonnante, de faire émaner d'elle lueurs joyeuses et remèdes à la morosité. Elle la sait aussi capable d'insuffler de la force à chacun. Mais elle n'ignore pas d'un autre côté, son incapacité à réguler ses pulsions passagères, son talent pour s'enfermer dans des contradictions qui la dépassent, qui la décrédibilisent, qui la rendent difficile à vivre.
Elles devront apprendre ensemble à gérer ses revirements d'humeur, ses changements de décision imprévisibles, irréfléchies, souvent destructrices. Souvent, elle ne verra même pas qu'elle est à l'origine des maux dont elle accusera les autres. Ses prises de position, ses jugements sur eux ne seront souvent rien d'autre que de simples phénomènes de

projection de ses errances inconscientes sur les motivations d'autrui. Mais elle l'aidera de toutes ses forces, de toute sa patience, de toute son affection car elle sait que Marjorie en vaut la peine et qu'elles sortiront victorieuses de ces moments difficiles.
Marjorie, de son côté, rêve de volupté béate, à l'ombre de lourds rideaux qui ne laisseraient passer que quelques rais de lumière dans une alcôve sacrée. Elle aspire à un souffle inquisiteur et pourtant apaisant, excitant, séduisant à partager et à offrir. Elle sait que la simple force de cette pensée nouvelle, de cet idéal inédit, est en train de sceller son destin. Elle réalise qu'après avoir parcouru un long périple, chacune de leur côté, elles se sont dénudées de leurs vies, de leurs soucis, de leurs angoisses pour enfin se trouver dans cet instant magique, probable bâtisseur de leur futur commun.
Alors, Marjorie prend, presque craintivement, la main d'Anny. Elle lui propose timidement de regagner le Chalet « La Passiflore » où elles allumeront un feu dans la cheminée, où elles pourront se blottir ensemble dans le canapé et s'endormir l'une contre l'autre, apaisées et heureuses. Anny accepte et elle suit son amie. Elles ont les yeux pétillants de promesses…

Dimanche 30 Janvier 1977

Rebecca

Glenn

Glenn, tout heureux d'avoir osé, est sur un petit nuage. Cette histoire, il y croit vraiment et il s'est promis de tout faire pour que cela fonctionne. Ce devrait être facile, il est fou amoureux de Rebecca et depuis qu'il l'a retrouvée, il a vu qu'elle était facile à vivre. Son métier de commerciale faisait qu'elle était très sociale, souriante et de bonne humeur. Et là, elle dort tranquillement à côté de lui. Autour d'eux, la tempête bat son plein, faisant de ce chalet un cocon douillet qui abrite leur bel amour. Il reste près d'elle, espérant secrètement qu'elle ne l'abandonnera pas pour aller, comme elle lui a dit, courir dans la tempête.

Wayne

Beverly

Wayne sent vaguement Beverly bouger contre lui et il la voit se lever et s'éclipser discrètement. Lorsqu'elle revient de la salle de bains, nue, espiègle et heureuse, les lueurs de la cheminée inondent sa peau délicieusement satinée. Wayne ne perd pas une miette du spectacle qu'elle lui offre… sans le savoir ? Il éprouve un impérieux besoin de la toucher, de s'assurer qu'il ne rêve pas. Il se sent comme envouté par elle, lui, l'ingénieur pragmatique et rationnel. Il a envie de caresses délicieuses durant laquelle chaque centimètre carré de peau délicate et sensible serait éprouvé.

Il remarque qu'elle a le pied grec, et que ses orteils semblent avoir été dessinés par un artiste qui les aurait voulus simplement sans défaut. Ses ongles sont soigneusement coupés, et ne portent aucun vernis. Son corps n'est que courbes délicates et proportions graciles. Comment a-t-on pu lui faire croire qu'elle était juste ordinaire ? Elle est absolument irrésistible. Beverly croise le regard de Wayne et un large sourire vient éclairer son visage. Elle se penche doucement pour voler un baiser. Par ce simple geste, elle déclenche chez son bien-aimé la montée d'un plaisir qu'il perçoit vaguement au sein d'un maelstrom de sensations délicates. Les mains de Beverly se déchainent, provocantes et taquines. Il la saisit par les hanches et la fait basculer doucement. Il la caresse avec tendresse, laissant ses doigts courir sur sa peau nue. Tous les deux s'amusent à prolonger ce moment de jeu. Ils sentent bien monter leur griserie, mais ils savent que l'attente est un moment riche en sensations, en ressentis. Ils découvrent leurs peaux du bout des doigts. Ils se noient dans leurs fragrances. Ils mélangent leurs souffles. Lorsqu'enfin, il entre en elle, ils vibrent tous les deux dans une sarabande mouvante et humide, chaude et enivrante. Ils perdent toute notion de temps, d'espace, de couleur. Une vague de tremblements arrive du plus profond de leur corps et des myriades d'étoiles leur passent devant les yeux quand la petite mort vient, une nouvelle fois, les anéantir….

Sharon et Leonard

Sharon ouvre les yeux aux creux des bras de Leonard. Elle reste immobile, de crainte de le réveiller, de crainte de briser ce moment magique. Elle a perdu l'habitude de sortir ainsi du sommeil, calée contre lui. Ils sont généralement chacun à un bout du lit, sans contact, sans chaleur, sans même une once de tendresse. Alors que là ! Il y a des mois qu'ils n'avaient pas été aussi proches ! Pour rien au monde, elle ne veut abréger cette occasion. Elle se laisse aller au plaisir de le sentir, détendu, nu, vulnérable. C'est peu de chose le bonheur, mais c'est si difficile à atteindre. Ce matin, malgré la tempête, malgré les soucis à venir pour rentrer, elle est heureuse. Il ne lui manque que les rires des enfants dans une pièce voisine, mais elle n'est pas inquiète pour eux. Ils doivent passer eux aussi un joli week-end chez les parents de Leonard qui se font volontiers mener par le bout du nez.

Marjorie Anny

Les yeux encore pleins de rêves d'Anny regardent longuement le corps endormi de Marjorie qui émerge partiellement des draps. Elle la trouve tout simplement belle dans cet abandon. Elle sent monter doucement son désir, celui de toucher cette peau chaude, celui de poser ses mains sur ce corps alangui, offert dans son sommeil. Elle sent se propager le long de sa colonne vertébrale un délicat frisson d'excitation. Hier soir, elles se sont assoupies d'un coup, assommées par les émotions nouvelles, et peut-être aussi un peu par la bouteille de champagne qu'elles ont vidée en attendant que la cheminée réchauffe la pièce. Elle sourit en pensant que, blotties l'une contre l'autre, au creux du canapé confortable, recroquevillées sous les chaudes couvertures, elles se sont véritablement endormies « en sursaut » … Elle lui effleure l'épaule, délicatement et Marjorie se retourne. Un large sourire éclaire son visage, encore fripé par la nuit. Les deux regards s'accrochent, exprimant le plaisir de se retrouver. Les mains se frôlent, doigts agiles et inspirés. Anny est toute surprise de la charge érotique de ce simple contact. Leurs lèvres se trouvent naturellement pour un premier baiser. Bouches délicatement soudées, douceur de l'instant, arrêt du temps. Fragrances mêlées évoquant l'attirance, la sublimant dans une harmonie sensorielle. Les yeux fermés, offerte et fébrile, chacune respire le désir de l'autre, jambes mêlées et lèvres ouvertes. Des mains qui caressent des hanches qui, déjà, ondulent. Des doigts qui frôlent des dos qui s'arquent, qui frottent des reins avides de caresses, qui s'aventurent entre des cuisses douces et vibrantes. On n'entend plus dans la pièce que craquements dans la cheminée et gémissements voilés. Puis les soupirs deviennent chuintements, pendant que les corps tressaillent de plus en plus, mouvements saccadés et rythmés qui les conduisent jusqu'à un paroxysme extatique, vers une luminescence charnelle, avant de retomber inertes et apaisés. Un long moment après, bondissant hors du lit, elles s'habillent rapidement, évitant la douche glacée pour se rendre au bâtiment central et retrouver les autres convives.

Castel Rose

Depuis le début de la matinée, Barbara et John se démènent pour essayer de trouver des solutions. John a dégagé, à la pelle, un vague chemin entre les chalets et le bâtiment principal. Le courant n'est toujours pas rétabli sur le domaine et le groupe électrogène tourne à plein régime. Il est tombé dans la nuit plus de 40 centimètres de neige. Les grands axes routiers sont en cours de dégagement grâce aux machines qui ont commencé leur travail depuis 5h00 du matin. Les saleuses assurent des rotations, mais la tâche est immense. Le lac Erié est complètement gelé et recouvert d'une épaisse couche de poudreuse que les vents étalent sur les routes avoisinantes. De nombreux véhicules, abandonnés par leurs propriétaires paralysent la circulation des engins de secours.

Petit à petit, les invités arrivent au bâtiment principal, à la recherche de contact, à la recherche de nouvelles, à la recherche de chaleur.

Tout à la joie de se retrouver, tout le monde parle en même temps, commentant les quelques bribes d'informations. Le blizzard et les bourrasques violentes de la nuit dernière sont sur toutes les lèvres, de toutes les conversations, exutoire commode de toutes les peurs. Chacun s'installe autour de la grande table ronde où est servi un solide petit déjeuner. A travers le brouhaha des bavardages, des retrouvailles, des bruits de bols qui se heurtent, des couverts qui s'entrechoquent sur la table, John essaie en riant de solliciter un peu d'attention pour pouvoir expliquer le programme de la journée. Peine perdue !

- « Attend qu'ils aient déjeuné, ils ne parleront pas la bouche pleine » lui glisse Barbara.

Il s'assied donc à table et avec philosophie, il se beurre une grande tartine et se sert un grand bol de café.

Enfin, quand ses amis sont en plein travail de mastication, de déglutition, bref, quasi silencieux, il prend la parole.

- Les nouvelles sont légèrement encourageantes. A onze heures, la dernière conférence de presse que j'ai pu suivre sur la télévision du bureau indique les grandes routes commencent à être réouvertes au public. Néanmoins, il est recommandé de mettre des équipements spéciaux car il reste une couche importante de verglas. Par contre, le trafic aérien est toujours interrompu jusqu'à nouvel ordre.

Un brouhaha fait écho à ces propos. Wayne indique à Beverly qu'ils vont devoir partir car Albany n'est pas à coté et que même si le Hummer peut passer partout, il ne sera pas le seul usagé de la route. Il ne peut pas non plus rester trop longtemps coupé de son entreprise. Beverly lui demande s'il est vraiment sûr de vouloir s'encombrer d'un boulet comme elle. Il éclate de rire et lui posant un baiser sur les lèvres, il lui affirme que son regret est de ne pas s'être encombré plus tôt d'un aussi joli boulet. Elle lui propose d'aller faire les bagages pour qu'ils puissent se mettre en route aussi vite que possible. Il la raccompagne à la porte et se dirige vers John.

- Je peux te parler ?
- Oui, bien sûr.
- Des nouvelles d'Henry ?
- Il a passé la nuit au commissariat et le shérif doit le présenter demain après-midi à un juge local pour l'acte d'accusation.

- Tu connais un bon avocat ici ? Il faut représenter Beverly correctement en attendant que celui de ma boîte puisse entrer en scène.
- Non, je ne vis pas ici.
- Est-ce que je peux utiliser le téléphone et le fax du bureau tranquillement pendant 5 mn ?
- Bien sûr, viens par ici.

Wayne fait rapidement un aller-retour au chalet et revient s'enfermer dans le local. Il appelle son avocat chez lui et lui faxe les documents dont il dispose en lui expliquant la situation. Son avocat le rassure en disant que dès le lendemain matin, il se mettra en relation avec un confrère de Buffalo qu'il connait bien. Tout sera fait pour protéger Beverly au mieux de ses intérêts, moraux, sociaux, physiques. Rassuré, Wayne retourne au chalet. Il sait que son avocat est toujours d'une grande efficacité.

Pendant ce temps, Glenn et Rebecca se concertent. Ils ne sont pas très loin de chez eux et ils décident de prendre la route en début d'après-midi. Les autorités auront eu plus de temps pour dégager les axes de circulation et ils seront rentrés à bon port avant que la nuit tombe. Ils filent chacun dans leur bungalow pour faire leur valise et entre deux baisers, se donnent rendez-vous dans la salle à manger à 13 heures

De son coté, Anny propose à Marjorie de passer au moins la soirée chez elle puisqu'aucun avion ne peut la ramener à Pittsburg en ce moment. Elle habite à une trentaine de kilomètres et elle espère que sa Volkswagen Beetle sera conciliante. Elles pourraient partir maintenant pour être sûre d'arriver assez tôt chez Anny. Elles savent aussi toutes les deux qu'elles vont devoir parler….

Elles se rendent dans leur chalet pour faire les bagages.

Sharon, Leonard et John discutent des possibilités. Pour aujourd'hui, les choses semblent trop compliquées pour pouvoir être résolues. Pour ce soir, qu'ils ne s'inquiètent pas, il y a assez de provisions pour diner. Demain, ils verront s'il y a des vols pour New-York, sinon, ils pourront peut-être prendre un train, le trajet avec Amtrak dure certes un peu plus de huit heures, mais si cela leur permet de rentrer, c'est mieux que rien.

A ce moment, Beverly et Wayne viennent leur dire au revoir. Ils sont déjà passés dans les autres chalets. Anny, en embrassant Beverly lui a glissé à l'oreille qu'elle était contente de la savoir enfin heureuse. Elle l'a quittée en la gratifiant d'un regard plein de reconnaissance. Leonard est un peu surpris de voir que Beverly suit Wayne. Il échange un regard avec Sharon, mais il ne dit rien et les regarde monter dans le Hummer qui quitte lentement la propriété….

Vers 13 heures, les autres invités se regroupent pour déjeuner tous ensemble. Puis, Rebecca et Glenn, d'un côté et Anny et Marjorie de l'autre prennent congé et rejoignent leurs véhicules. A leur tour, ils quittent le domaine….

Le week-end organisé par John pour l'anniversaire de Barbara aura finalement donné lieu à bien des surprises……

Printed by Books on Demand GmbH, Norderstedt / Germany